唯物史观中的观念上层建筑

理论与实践探究

刘镇玮————————著

天津社会科学院出版社

图书在版编目（CIP）数据

唯物史观中的观念上层建筑 ： 理论与实践探究 / 刘
镇玮著. -- 天津 ： 天津社会科学院出版社，2025. 2.
ISBN 978-7-5563-1063-0

Ⅰ．B03

中国国家版本馆 CIP 数据核字第 20254HP408 号

唯物史观中的观念上层建筑 ： 理论与实践探究
WEIWU-SHIGUAN ZHONG DE GUANNIAN SHANGCENG JIANZHU ： LILUN YU
SHIJIAN TANJIU

选题策划：韩　鹏
责任编辑：柳　晔
装帧设计：高馨月
出版发行：天津社会科学院出版社
地　　址：天津市南开区迎水道 7 号
邮　　编：300191
电　　话：（022）23360165
印　　刷：高教社（天津）印务有限公司
开　　本：880×1230　　1/32
印　　张：5
字　　数：100 千字
版　　次：2025 年 2 月第 1 版　　2025 年 2 月第 1 次印刷
定　　价：78.00 元

前　言

　　意识形态问题在哲学研究和社会现实中都占据重要位置。在哲学研究中,意识形态是任何哲学都无法逾越的话题,关于人的存在、本体论、认识论等重大哲学领域都涉及意识形态方面。在社会现实中,意识形态工作是一项极端重要的工作,事关党的前途命运,事关国家长治久安,事关民族凝聚力和向心力。无论在理论还是现实中,正确认识意识形态问题,推进意识形态工作,都要始终坚持马克思主义的指导地位,坚持唯物史观的基本立场、观点和方法。

　　笔者长期从事意识形态理论与实践的学习和研究,在经典马克思主义意识形态理论、西方马克思主义意识形态理论以及现实意识形态工作等方面有一些粗浅思考。本书即选取了笔者在以上相关问题的部分研究成果整理形成的。本书的主要结构如下:第一章,马克思与意识形态,主要分析了马克思意识形态理论的基本逻辑;第二章,卢卡奇与意识形态,主要阐述了卢卡奇关于物化意识和无产阶级意识的思想;第三章,马尔库塞与意识形态,主要围绕"单向度的人"这一问题分析了马尔库塞的科学技术意识形态批判理论;第四章,话语权与意识形态,主要基于福柯的权利话语理论讨论了意识形态工作话语权的建构问题;第五章,高校思政课与意识形态,主要分析了高校思政课立德树人和意识形态双重功能的融合发挥问题;第六章,精神富有与意识形态,主要论述了中国式现代化进程中精神富有的意识形态效应问题。

意识形态是具有深刻哲学意蕴和重大现实影响的理论和实践问题。由于笔者理论功底薄弱、实践经验有限,对相关问题的理解和分析难免挂一漏万,这些不足和遗憾为我今后学习和研究意识形态问题提出了更高的要求,这也是我继续研究的目标和方向。笔者定将以本书的出版为契机,不断深耕原著、开阔视野,更加系统深入地学习、研究意识形态问题。

刘镇玮
2024 年 9 月于山东师范大学长清湖校区

目　录

第一章　马克思与意识形态
——马克思意识形态理论的演进逻辑

　　马克思的意识形态理论在意识形态发展史中占据重要地位，他为意识形态研究确立了一个科学方向，即唯物史观的方向。对于马克思意识形态理论的研究，学界大多学者往往从意识形态的否定意义、中性意义和肯定意义等维度进行研究阐释，也有部分学者认为马克思意识形态理论包含批判和建构两个主要层面。但这些研究往往偏重否定意义、批判层面或者肯定意义、建构层面一方，少有二者兼顾的研究。笔者认为，这一问题应放进马克思意识形态理论的演进中去认识，需要对其有整体全面的把握。更为关键的是澄明马克思意识形态理论超越传统意识形态学说的关键内核，以彰显其理论本身的价值。本章试图立足马克思意识形态理论的演进，探寻这一理论建构的理论基底和最高价值指向。

一、演进背景:意识形态的传统思维困境

意识形态源自法国哲学家特拉西创制的法语词"idéologie",由"idéo"和"logie"两个词复合而成。从词源学看,"idéo"的希腊词源是"ιδεα",译为思想或观念,"logie"的希腊词源是"λόγος",译为理性或学说。特拉西则根据词源本义把"idéologie"定义为"思想或观念之学"。意识形态的英文词"Ideology"和德文词"Ideologie"也由法语词翻译而来,所指涵义也与法语词基本一致。黑格尔虽然没有使用意识形态的德语词,但他在《精神现象学》中使用了另一种德语表达——"die Gestalten des Bewusstseins",译为"意识诸形态",也指"一切精神现象"。就意识形态的本义和黑格尔所使用的广泛含义来说,它涉及人类的认识、知识、精神等广泛范围。具体说来,意识形态是对人类认识的起源、界限、可靠程度,以及知识的科学性、普遍必然性,包括精神的变化发展等的考察。正如俞吾金在《意识形态论》中提及的,"哲学家们在创制出'意识形态'这一概念之前,也已经生活在意识形态之中"①。西方哲学在古希腊时期就已经开始了关于意识形态问题的探讨。但意识形态一经出场,就陷入了思维的困境。这是因为,对意识形态问题的探究始终在"精神世界"与"现实世界"二元对立的模式下展开。特别是发

①　本章原文已发表于《理论研究》2024 年第 4 期。俞吾金:《意识形态论》(修订版),人民出版社,2009 年,第 18 页。

展到德国古典哲学时期,意识形态直接成为"抽象的人"衍生出来的概念。在传统哲学的视域下,意识形态成了远离现实生活,独辟蹊径的存在。

古希腊柏拉图哲学的核心概念"理念"可以看做意识形态的原始出场。"理念"作为纯粹抽象概念,表示的是现实事物存在的根据,而不是现实事物本身。"理念"是普遍的、绝对的、必然的,永恒不变;现实个别事物是个别的、相对的、偶然的,始终处于变化之中。"理念"与现实个别事物的关系是一与多的关系,是本原和派生的关系。"那些不变的、永恒的、非物质的本质或原型,我们所看见的实际的可见事物仅仅是这些原型的拙劣的摹本。"①柏拉图就这样分别建构并划分了理念世界和事物世界,并把理念世界凌驾于事物世界之上。柏拉图两个世界的划分为传统哲学理解意识形态问题奠定了基本的思维方式——意识形态与理念世界相似,是超出事物世界的另一个世界。

近代哲学的主要问题就表现在思维和存在的关系问题。从笛卡尔开始的主体与客体的分离,一直到休谟的不可知论,最终也没能解决思维与存在的矛盾。在这种矛盾下,意识形态这一从属于思维领域的成分同样也处于矛盾之中。笛卡尔的"天赋观念"可以称之为这一时期意识形态的最初代表。笛卡尔认为,科学知识(哲学)必须是由清楚明白、无可置疑的基本原理推演

---

① 撒穆尔·伊诺克·斯通普夫、詹姆斯·菲泽:《西方哲学史:从苏格拉底到萨特及其后》(修订第8版),匡宏、邓晓芒译,世界图书出版公司,2009年,第47页。

出来的,这样感觉经验就不可能成为科学知识,因为感觉经验是不可靠的,这些基本原理只能是与生俱来的天赋观念。斯宾诺莎继承和发展了笛卡尔的"天赋观念",提出了"真观念"。斯宾诺莎的方法论——理性演绎法,就是首先建立自明的普遍概念,即"真观念",然后构成观念体系。莱布尼茨中和了笛卡尔和斯宾诺莎的观点,也主张我们的所有观念都是天赋的。"我甚至认为我们灵魂的一切思想和行为都来自它自己内部,而不能是由感觉给予的。"①唯理论哲学家们的"天赋观念""真观念"等概念使意识形态带有了先验性、天赋性的特征,这给感觉经验和生活现实之间留下了一条不可弥合的缝隙。经验论哲学家坚持的认识来自感觉经验的基本原则对理解意识形态应植根于现实存在具有启发意义,但他们仍然坚持二元论,最终也没能实现理性与经验、观念与事物、思维与存在的统一。经验论哲学家们在不同程度上强调了我们获取的知识与客观现实之间总有"观念"的屏障,或者我们的知识仅仅是"观念"的知识。洛克在知识与事物之间设置了观念的屏障,认为我们的知识只与我们的观念有关,观念是知识的对象;巴克莱更是强调维护观念的客观实在性,认为物是观念的集合,人们所感知的只是观念,除此之外,别无他物。在思维与存在界限分明的近代哲学背景下,意识形态没能与客观现实接轨,未能走出先验的困境。

黑格尔所使用的"意识诸形态"概念从广义上理解为一切

---

① 莱布尼茨:《人类理智新论》,陈修斋译,商务印书馆,1982年,第36页。

精神现象,这也就涵盖了其在《精神现象学》中论述的"意识""自我意识""理性""精神""宗教"和"绝对知识"的全部环节。从这个意义出发,黑格尔的"精神现象学也就是意识形态学"①。黑格尔面临的直接问题就是消解康德的"自在之物",其"精神现象学"也就是解决思维和存在的同一性问题,最终实现形而上学成为科学之科学的最高理想。黑格尔的解决方案就是建构了"绝对精神"。黑格尔用"精神"的概念代表人的本性,"精神"既是真正的能动性的力量,同时也是客观性的实体性因素,当它超出自身时仍然保持着自己的同一性。在《精神现象学》中,黑格尔就阐释了人类精神的认识活动归根到底是"绝对精神"的自我运动。这其中贯穿的基本原则就是"实体即主体",也就是黑格尔论述的,"照我看来,——我的这种看法的正确性只能由体系的陈述本身来予以证明———一切问题的关键在于:不仅把真实的东西或真理理解和表述为实体,而且同样理解和表述为主体"②。即是说,实体不仅是客观的,而且是能动的,是可以展开自身而成为现实的。实体内部蕴含着否定性和矛盾,它通过自己否定自己,然后扬弃自身中的矛盾,重建自身的统一性,最终成为"绝对精神"。而这个重建自身统一性的过程就是通过人类精神认识绝对的过程实现的。马克思称《精神现象学》是黑格尔哲学的诞生地和秘密,如此看来,这一秘密就是:绝对精神

---

① 俞吾金:《意识形态论》(修订版),人民出版社,2009年,第33页。

② 黑格尔:《精神现象学》(上卷),贺麟、王玖兴译,上海人民出版社,2013年,第61页。

是人类精神的绝对化和本体化①。可以看到,"绝对精神"是在历史的彼岸建立自我发现的理性王国,黑格尔哲学因此而投向了神话的怀抱。在黑格尔那里,意识诸形态实际是绝对精神的外化,是绝对精神实现其自身的各个环节。意识形态最终在概念的迷宫中迷失了方向。这也就意味着,黑格尔也没有解决思维和存在的同一性问题,意识形态问题仍然没有走出二元对立的思维困境。

综上所述,意识形态在西方哲学近两千年思维和存在、精神与现实二元对立的思维模式下,始终处于脱离甚至对立于社会存在与历史现实的思维困境中。马克思的意识形态理论之所以超越了传统意识形态理论,正是因为解决了传统哲学视域下的意识形态思维困境和理论难题。马克思的意识形态理论从属其历史唯物主义思想,是在思维与存在、意识与现实相统一的定向下展开的。马克思意识形态理论的演进基底和逻辑前提就是"现实的人"的物质生产实践。

二、演进基底:"现实的人"的物质生产实践

"现实的人"既是唯物史观的逻辑起点、中心线索和价值指向②,同样也是马克思意识形态理论演进的逻辑基底。"现实的

---

① 张志伟编:《西方哲学史》,中国人民大学出版社,2010年,第469页。
② 徐斌:《马克思关于"现实的人"的思想及其当代意义》,《中共中央党校学报》2013年第1期。

人"与西方"抽象的人"的哲学传统相对立,真正使人摆脱了世界二重化后精神领域的统治,人真正获得了主体性。由于马克思之前的所有哲学都是形而上学,都建构了一个与现实世界相分离相独立的精神世界,"人"这一研究对象就自然成为抽象的概念,成了"抽象的人"。而马克思的"现实的人"首先是生存的人,所以"现实的人"的第一规定就是物质生产实践。"现实的人"在物质生产实践中存在且生成自己、发展自己、实现自己。意识形态是"现实的人"物质生产实践的产物,其发展与自由受制于物质生产实践。马克思意识形态理论演进的整个过程是建立在"现实的人"的物质生产实践这一基底之上的。

"以马克思为界,哲学实现了主体革命。"①所谓主体革命,就是马克思以"现实的人"代替了"抽象的人"。古希腊哲学家把对人的关注放在了关于宇宙的本体论研究中,中世纪神学家把对人的研究转化为对神或上帝的探讨。人的问题逐渐远离人们思考的中心。直到文艺复兴和宗教改革,人被重新发现。近代哲学的奠基者笛卡尔以"我思故我在"作为形而上学的第一原理,以主体性原则为近代哲学确定了基本方向。笛卡尔认为感性知识是不可靠的,因为感官是可以欺骗人的。这样,笛卡尔以怀疑一切的方法确定了只有"我在怀疑"是无可置疑的。并且"我在怀疑"证明了有一个"我"的存在。"严格来说我只是一

---

① 　王清涛:《马克思的主体转换与哲学革命》,《求索》2021 年第 4 期。

个在思维的东西,也就是说,一个精神、一个理智或一个理性。"①因此,"我思故我在"是真理,是形而上学的第一条原理。这样,笛卡尔就确立了主体的独立地位,同时也陷入了主客二分的二元论。即是说,笛卡尔确立的主体,是一个抽象的主体,是与现实生活截然对立的主体。笛卡尔之后的近代哲学家都没能逃脱二元论的局限。黑格尔的人也是"抽象的人",人等于自我意识。自我意识外化或客观化为"绝对精神","绝对精神"又使人得到复归和自我认识。可见,黑格尔的人是在现实存在之外的。费尔巴哈反对黑格尔将人等同于自我意识,认为人是现实存在的感性实体。但是费尔巴哈的人的绝对本质却是精神,即理性、意志和情感,"我的第一个思想是上帝,第二个是理性,第三个也是最后一个是人。"②所以,费尔巴哈的人仍然具有抽象性。可见,马克思之前的所有旧哲学都将人抽象化,人都不是现实存在中的人,那么意识形态更不可能是一种现实存在。

之所以说人在马克思那里是"现实的人",是因为马克思以实践为核心、以社会关系为现实内容构建了人的本质学说。③从对青年黑格尔派宗教批判的批判,到对黑格尔自我意识和人的精神劳动的批判,到对费尔巴哈脱离了实践的人的超越,再到从

---

① 笛卡尔:《第一哲学沉思集》,庞景仁译,商务印书馆,1986年,第25-26页。

② 费尔巴哈:《费尔巴哈哲学著作选集》(上卷),荣震华、李金山译,商务印书馆,1984年,第247页。

③ 宋惠芳:《实践哲学视野下马克思人的本质学说的逻辑建构》,《理论学刊》2019年第3期。

事物质生产实践的人的发现,马克思"现实的人"得到了完整阐发。马克思意识形态理论的批判与建构也就是在"现实的人"的阐发过程中生发出来。早在《〈黑格尔法哲学批判〉导言》中,马克思就通过对宗教问题的讨论表明了他关于人的问题的立场。马克思之所以反对青年黑格尔派的宗教批判,是因为"人创造了宗教,而不是宗教创造人"①,即对宗教的批判不会改变人的生存困境。"人不是抽象的蛰居于世界之外的存在物。人就是人的世界,就是国家,社会。"②要想变革贫苦人民的苦难现实不能止步于宗教批判,而应该进行尘世的批判、法的批判和政治的批判。马克思这一批判视角的转换为其对人的本质和人的解放的研究确定了基本的思路。紧接着,马克思在《1844 年经济学哲学手稿中》又对黑格尔的人的本质和"精神劳动"进行了改造。马克思认为黑格尔的劳动是自我意识的产物,在本质上是一种抽象的精神劳动。黑格尔把人的劳动异化看作自我意识的异化,认为异化劳动的扬弃只需要在精神领域就可以克服。马克思揭露黑格尔,这是因为"人的本质,人,在黑格尔看来=自我意识。因此,人的本质的全部异化不过是自我意识的异化"③。实际上,马克思在此也流露出他自己关于人的劳动和人

① 中共中央马克思恩格斯列宁斯大林著作编译局编译:《马克思恩格斯文集》(第一卷),人民出版社,2009 年,第 3 页。
② 中共中央马克思恩格斯列宁斯大林著作编译局编译:《马克思恩格斯文集》(第一卷),人民出版社,2009 年,第 3 页。
③ 中共中央马克思恩格斯列宁斯大林著作编译局编译:《马克思恩格斯文集》(第一卷),人民出版社,2009 年,第 207 页。

的本质的基本观点,即人的劳动是一种现实的劳动,人的本质也应该具有现实性和实践性。在《关于费尔巴哈的提纲》中,马克思在实践这一基础上阐明了人的社会性本质。即"一切社会关系的总和"的人的本质的理解必须有一个实践的前提。最终在《德意志意识形态》中,马克思完成了"现实的人"的建构。"我们开始要谈的前提不是任意提出的……这是一些现实的个人,是他们的活动和他们的物质生活条件……"[①],即"现实的人"一定是"有生命的个人",并且"现实的人"的"第一个历史活动就是生产满足这些需要的资料,即生产物质生活本身"[②]。"现实的人"即是从事物质生产实践的人,并且在这一过程中表现出一切社会关系。

马克思以"现实的人"的物质生产实践为基底建构意识形态理论,就把意识形态划归在了"现实的人"本身,即意识形态是从"现实的人"中演化出来的。马克思批判德意志意识形态是"虚假的意识形态",原因就在于德意志意识形态(或黑格尔哲学)是从概念到概念,从意识到精神,然后由精神控制人,完全脱离了"现实的人"。包括马克思对资本主义社会拜物教观念的批判,核心一点就是拜物教观念脱离了人与人之间的社会关系。而马克思意识形态理论的核心观点就是"社会存在决定社

[①] 中共中央马克思恩格斯列宁斯大林著作编译局编译:《马克思恩格斯文集》(第一卷),人民出版社,2009年,第516-519页。

[②] 中共中央马克思恩格斯列宁斯大林著作编译局编译:《马克思恩格斯文集》(第一卷),人民出版社,2009年,第531页。

会意识"。可以说,在马克思这里,意识形态从属于"现实的人"的物质生产实践,是"现实的人"存在的一种表现方式。

三、演进走向:批判与建构的交互行进

马克思意识形态理论的演进在整体上呈现出在批判的基础上建构至再批判再建构的理论走向。所谓批判基础上的建构中的"批判"指的是马克思对黑格尔哲学(包括青年黑格尔派哲学)的清算,"建构"指的是马克思关于意识形态基本理论的阐发。所谓"再批判"指的是马克思对资本主义社会"拜物教"观念的批驳,"再建构"指的是马克思对共产主义社会意识形态特征的基本展望。从马克思意识形态理论整体的演进走向看来,其兼具批判和建构的双重维度,进而,马克思的意识形态概念也不仅是否定意义上的单一内涵,也有中性意义乃至肯定意义上的多重意蕴。

马克思意识形态理论从清算黑格尔哲学开始。马克思在担任《莱茵报》编辑时期遇到了普鲁士新闻出版自由问题和劳苦人民利益被侵问题,这使他深入思考了黑格尔国家与法关系的弊端。黑格尔从绝对精神出发,认为法是绝对精神的体现,法的本质应体现和保障人们探讨、追求真理的自由权利。但是,法不会自己制定自己,需要国家制定实施,人们必须无条件遵守国家制定的神圣法律。正是国家和法这样的关系,才导致了现实中的法必然服从于特权阶级的利益和私人利益,保障人们自由权

利的法的精神成了人们受侵害的合理依据。而这一问题的根源
在于黑格尔家庭、市民社会与国家关系的颠倒，即黑格尔法哲学
的神秘性和非批判性。黑格尔的基本观点是"国家决定市民社
会"，"对家庭和市民社会这两个领域来说，国家一方面是外在
必然性和它们最高的权利……但是，另一方面，国家又是它们的
内在目的"①。对此，马克思在《黑格尔法哲学批判》中指出，黑
格尔一方面认为家庭和市民社会的本质规定依存于国家，但是
另一方面又把这种依存性纳入"外在必然性"的关系，明确称这
是"一个没有解决的二律背反"②。在马克思看来，黑格尔把国
家抽象为观念和精神，家庭和市民社会成了从属于国家这一概
念的领域，这样处于现实活动的家庭和市民社会成了非现实的。
家庭和市民社会本应是现实的主体和国家的前提，在黑格尔思
辨哲学中彻底颠倒了。马克思称黑格尔这种将思维和存在、现
实和理性、主语与谓语关系的颠倒称为"法哲学和黑格尔整个哲
学的神秘主义之大成"③。马克思在《德意志意识形态》中通过
对鲍威尔、施蒂纳等青年黑格尔派的批判，揭示并分析了德意志
意识形态的虚假性，彻底与黑格尔哲学划清了界限。马克思在
《德意志意识形态》的序言中就明确提出："他们按照自己关于

---

① 黑格尔:《法哲学原理》，范扬、张企泰译，商务印书馆，2008年，第
261页。

② 马克思、恩格斯:《马克思恩格斯全集》(第三卷)，中共中央马克思恩
格斯列宁斯大林著作编译局编译，人民出版社，2002年，第9页。

③ 马克思、恩格斯:《马克思恩格斯全集》(第三卷)，中共中央马克思恩
格斯列宁斯大林著作编译局编译，人民出版社，2002年，第12页。

神、关于标准人等等观念来建立自己的关系。他们头脑的产物不受他们支配。"①马克思认为,不论是鲍威尔的自我意识哲学,还是施蒂纳的利己主义,都没有摆脱这种思想的统治,本质上仍然是神秘主义。青年黑格尔派在一定程度上对黑格尔哲学进行了批判,但这种批判仍然是在意识范围内兜圈子,没有对德国现实社会本身进行批判。"既然青年黑格尔派认为,观念、思想、概念,总之,被他们变为某种独立东西的意识的一切产物,是人们的真正枷锁……只要同意识的这些幻想进行斗争就行了。"②总的看来,德意志意识形态的神秘性和虚假性就在于它们采取了本末倒置的做法,撇开了人类史,撇开了现实的人的现实生活条件,把意识和观念当作决定人的实践的唯一力量,把历史变成了意识的发展过程。相反,马克思正是从"现实的人"的物质生产实践出发,从生活决定意识的基本原理出发来建构其意识形态理论和历史唯物主义。

从科学实践观出发,马克思逐渐建构起科学的意识形态理论。在《关于费尔巴哈的提纲》中,马克思把实践引入了认识论、历史观,从而在根本上变革了一切旧哲学。人的认识是否具有客观必然性,不能从人是否具有先天的认识形式来进行理论的证明,而是需要实践的检验,"人应该在实践中证明自己思维

---

① 中共中央马克思恩格斯列宁斯大林著作编译局编译:《马克思恩格斯文集》(第一卷),人民出版社,2009年,第509页。

② 中共中央马克思恩格斯列宁斯大林著作编译局编译:《马克思恩格斯文集》(第一卷),人民出版社,2009年,第515页。

的真理性"①。就生活在现实中的人来说,其本质就是一种实践生成论,在实践基础上生成各种社会关系,才能表现为"一切社会关系的总和"。进而,以现实的人的社会实践为基础的全部社会生活在本质上也应当是实践的,从而社会意识也不例外,一定被决定于社会实践。在《德意志意识形态》中,马克思较为系统地阐述了关于意识形态的基本理论。马克思首先阐明了"生活决定意识"的基本原理。"不是意识决定生活,而是生活决定意识。"②马克思认为,意识是人们物质关系的直接产物,起初与现实生活中的语言交织在一起,是随着物质生产和物质交往的变化而变化的。其次,马克思考察了意识形态的起源问题。意识发展经历了"纯粹动物式的意识"和"纯粹意识"两个阶段。"纯粹动物式的意识"只是人们对可感环境、其他人和物、自然的一种被动的、完全异己的、狭隘的意识。只有当生产力提高,物质劳动与精神劳动分离,分工真正出现的时候,"意识才能摆脱世界而去构造'纯粹的'理论、神学、哲学、道德等等"③。再次,马克思也明确了他是在坚持唯物史观的前提下看待意识形态问题的,"从市民社会出发阐明意识的所有各种不同的理论产物和形式,如宗教、哲学、道德等等……不是从观念出发来解释实践,而

---

① 中共中央马克思恩格斯列宁斯大林著作编译局编译:《马克思恩格斯文集》(第一卷),人民出版社,2009年,第500页。

② 中共中央马克思恩格斯列宁斯大林著作编译局编译:《马克思恩格斯文集》(第一卷),人民出版社,2009年,第525页。

③ 中共中央马克思恩格斯列宁斯大林著作编译局编译:《马克思恩格斯文集》(第一卷),人民出版社,2009年,第534页。

是从物质实践出发来解释各种观念形态"①。这也就明确了一个基本原则，即物质生产实践是解释意识形态问题的根本出发点。最后，马克思揭示了意识形态的阶级性问题。"占统治地位的思想不过是占统治地位的物质关系在观念上的表现，不过是以思想的形式表现出来的占统治地位的物质关系。"②统治阶级因为掌握着物质生产资料，所以也掌握着精神生产资料。从这里可以看出，马克思仍然是从物质关系出发谈论意识形态的阶级性问题。在《共产党宣言》中，马克思在"生活决定意识"的基础上更进一步阐明了社会存在与社会意识的关系。"人们的意识，随着人们的生活条件、人们的社会关系、人们的社会存在的改变而改变。"③早在《德意志意识形态》中马克思就注重在社会结构的有机系统下考察意识形态，即从生产力——市民社会——观念上层建筑的架构中定位意识形态。在《〈政治经济学批判〉序言》中马克思完成了意识形态在社会结构中的精准定位。"人们在自己生活的社会生产中发生一定的、必然的、不以他们的意志为转移的关系，即同他们的物质生产力的一定发展阶段相适合的生产关系。这些生产关系的总和构成社会的经济结构，即有法律的和政治的上层建筑竖立其上并有一定的社

①　中共中央马克思恩格斯列宁斯大林著作编译局编译：《马克思恩格斯文集》（第一卷），人民出版社，2009年，第544页。

②　中共中央马克思恩格斯列宁斯大林著作编译局编译：《马克思恩格斯文集》（第一卷），人民出版社，2009年，第550—551页。

③　中共中央马克思恩格斯列宁斯大林著作编译局编译：《马克思恩格斯文集》（第二卷），人民出版社，2009年，第50—51页。

会意识形式与之相适应的现实基础。"①这里马克思用"生产关系"代替了之前所用的"交往关系",用"经济结构"代替了"市民社会",把意识形态准确定位于建立在经济基础之上且与政治上层建筑相适应的社会意识形式。同时,马克思明确了"社会存在决定社会意识"的基本原理。"不是人们的意识决定人们的存在,相反,是人们的社会存在决定人们的意识。"②至此,马克思关于意识形态的基本理论观点阐述完成。

对资本主义社会"拜物教"观念的批判是马克思意识形态批判的新维度。在《资本论》及其手稿中,马克思用"拜物教"这个概念表达了人与人之间的关系被物与物之间的关系所掩盖的社会现象。"经济学家们把人们的社会生产关系和受这些关系支配的物所获得的规定性看作物的自然属性。"③从而,物的关系被神秘化,人们自觉依赖和崇拜物的关系,拜物教现象在人们意识中直接导致了"拜物教"观念的产生。无论是"商品拜物教""货币拜物教"还是"资本拜物教",它们在本质上都是相同的,它们用一种物的关系的形而上学实现了对现实的人的统治,人们失去了主体性。所以,"拜物教"观念无非还是抽象物对人的统治,还是主体与客体的颠倒,是一种虚假的意识形态。马克

---

① 中共中央马克思恩格斯列宁斯大林著作编译局编译:《马克思恩格斯文集》(第二卷),人民出版社,2009年,第591页。

② 中共中央马克思恩格斯列宁斯大林著作编译局编译:《马克思恩格斯文集》(第二卷),人民出版社,2009年,第591页。

③ 马克思、恩格斯:《马克思恩格斯全集》(第三十一卷),中共中央马克思恩格斯列宁斯大林著作编译局编译,人民出版社,1998年,第85页。

思认为，"拜物教"观念产生的根源在于资本主义社会的商品经济条件，进而也就是资本主义社会的基本矛盾，即生产资料私有制与社会化大生产之间的矛盾。在私有制和社会分工的条件下，私人劳动同时又具有了社会劳动的性质，私人劳动产品只有经过交换成为商品才具有价值，这样就为商品覆盖了一种神秘的力量。也正是如此，马克思认为拜物教只是社会历史发展到一定阶段上的产物，当实现共产主义社会，摆脱了资本主义的生产方式，商品世界的全部秘密也就随之消失了。

对共产主义社会意识形态的展望是马克思晚年对意识形态理论的拓展。在《哥达纲领批判》中马克思提出了关于共产主义两个阶段的划分，即第一阶段和高级阶段。关于第一阶段，马克思提到，"我们这里所说的是这样的共产主义社会，它不是在它自身基础上发展了的，恰好相反，是刚刚从资本主义社会中产生出来的，因此它在各方面，在经济、道德和精神方面都还带着它脱胎出来的那个旧社会的痕迹"①。也就是说，在共产主义社会第一阶段，意识形态还将会受到传统意识形态的影响。这是因为人们在劳动能力、天赋和家庭状况等方面具有差别，那么按劳分配还是以不平等为前提的，这使得思想观念仍然受制于这种经济结构。在这一阶段，为了同传统的意识形态作斗争，为了保障无产阶级的整体利益，还需要加强建设无产阶级的阶级意识。只有到了共产主义社会的高级阶段，实现"按需分配"，实

---

① 中共中央马克思恩格斯列宁斯大林著作编译局编译：《马克思恩格斯文集》（第三卷），人民出版社，2009年，第434页。

现每个人自由而全面的发展,意识形态才会随着阶级、国家的消亡而实现生产自由。

四、演进指向:祛意识形态之蔽和人的解放

人的解放是马克思一生的理论追求和思想真谛,马克思意识形态理论最终的价值诉求同样指向人的解放,即每个人自由而全面地发展。在实现人的解放的道路上,首先需要解决人们意识形态方面的障碍,明确人的解放的唯一正确途径是通过革命的实践改变现存世界,而不是纯粹的思想、观念的斗争。所以,马克思意识形态理论在演进过程中有两个层面的指向,分别是阶段性指向和最终指向,即祛意识形态之蔽和人的解放。祛意识形态之蔽是人的解放的准备,人的解放是祛意识形态之蔽的最终目标。

马克思在《德意志意识形态》的序言中开宗明义地提出要反抗思想的统治,"我们要把他们从幻想、观念、教条和想像的存在物中解放出来……我们要起来反抗这种思想的统治"[1],这也就是祛除意识形态之蔽。马克思之前的哲学家都建构或者承认一个精神、观念世界的存在,并且认为这一精神、观念世界独立于现实生活,甚至统治现实生活。特别是黑格尔哲学,马克思称其是"从天国降到人间"的哲学。无疑,这也给人们蒙上了一层

---

① 马克思、恩格斯:《马克思恩格斯全集》(第三卷),中共中央马克思恩格斯列宁斯大林著作编译局编译,人民出版社,1960年,第15页。

意识形态的迷雾。实现人的解放必须要拨开这层迷雾,祛除意识形态之蔽,从而马克思明确指出,"我们不是从人们所说的、所设想的、所想象的东西出发,也不是从口头说的、思考出来的、设想出来的、想象出来的人出发,去理解有血有肉的人。我们的出发点是从事实际活动的人"①。这样,马克思也就找到了祛除意识形态之蔽的途径,即诉诸"现实的人"的物质生产实践。通过对"现实的人"的发现,马克思科学阐明了意识形态的产生,正确揭示了社会存在与社会意识的关系。祛意识形态之蔽只是把意识形态拉回到了人间,马克思最终的目标是实现人的解放。意识形态的产生是与一定历史时期的物质生产相适应的,即是说是特定历史阶段的产物,当物质生产资料充分发展,社会实现"按需分配",每个人实现"自由而全面的发展"时,意识形态将自觉转化为人的自由的精神生产,到那时意识形态不再具有虚假性、阶级性、统治性等特征。从而,马克思意识形态理论最终的指向与人的解放紧密联系在一起。

人的解放的唯一途径,在马克思看来是无产阶级的革命实践,在于"使现存世界革命化"。但马克思也同时强调了实现人的解放过程中无产阶级的阶级意识问题。西方马克思主义的开创者卢卡奇在其《历史与阶级意识》一书中特别强调了无产阶级的阶级意识在革命中的作用。卢卡奇认为,只有无产阶级才可以自觉形成统一的阶级意识,成为扬弃物化的根本力量,无产

---

① 中共中央马克思恩格斯列宁斯大林著作编译局编译:《马克思恩格斯文集》(第一卷),人民出版社,2009年,第525页。

阶级的意识是真正可以通过实践改变现实的意识。"无产阶级组成为阶级:它的阶级意识在实践上变为现实。"①马克思本人也多次论述了无产阶级阶级意识的特点、形成以及与无产阶级解放斗争的关系。马克思认为无产阶级是真正革命的阶级,那么无产阶级的阶级意识同样是真正革命的意识,因为"它在自己的发展进程中要同传统的观念实行最彻底的决裂"②。无产阶级的阶级意识在资产阶级的"教育"下,在无产阶级政党的催促下,在无产阶级革命实践中不断形成并得以加强,成为凝聚无产阶级进行革命的强大力量。无产阶级的解放和全人类的解放必定在无产阶级阶级意识的团结下,在伟大的无产阶级革命实践中取得彻底胜利。

综上所述,马克思意识形态理论中批判和建构的双重维度并重,其理论演进是一个有规律可循、有逻辑可依的连续过程。以"现实的人"的物质生产实践为理论基底,马克思与传统的意识形态学说划清界限,划破了笼罩在人们面前的意识形态迷雾,创制了科学的意识形态理论。也正因此,马克思把意识形态与人的解放紧密联系在一起,只有实现人的自由全面的发展,意识形态才能获取真正自由。新时代意识形态工作同样需要坚持唯物史观的基本原理,科学认识意识形态问题,以人们的物质生产

---

① 卢卡奇:《历史与阶级意识》,杜章智等译,商务印书馆,2017年,第261页。

② 中共中央马克思恩格斯列宁斯大林著作编译局编译:《马克思恩格斯文集》(第二卷),人民出版社,2009年,第52页。

实践为基础,在意识形态斗争中建立强大的中国特色社会主义意识形态。

第二章 卢卡奇与意识形态
——卢卡奇意识形态理论逻辑运演

以卢卡奇《历史与阶级意识》的出版为起点,西方马克思主义已走过100多年的历史。在这100多年的发展史中,《历史与阶级意识》可以说具有举足轻重的地位。这种影响莫过于其把马克思主义对资本主义的哲学批判重心由社会政治批判转向为文化批判,对之后西方马克思主义各流派的意识形态、技术理性、大众文化、心理机制等批判奠定了基础。一直以来,国内外学界对卢卡奇的思想给予了高度重视,特别是对《历史与阶级意识》中无产阶级意识问题的理论实质和理论困境的研究成果较多。但这些研究缺乏对卢卡奇意识形态理论整体逻辑运演的梳理,并且也少有以马克思意识形态理论的视域对其理论发展和理论局限的评析。本章试图以卢卡奇的文本为依据,还原卢卡奇意识形态理论逻辑运演的整个过程,并以马克思意识形态理论视域对其进行评析。这对于推动卢卡奇研究和马克思意识形态理论研究向纵深发展,构建中国特色社会主义意识形态理论具有重要理论价值。

一、入场：揭示资产阶级物化意识

卢卡奇的意识形态理论开始于对资产阶级物化现象的发现。正如卢卡奇在《历史与阶级意识》一书"物化和无产阶级意识"篇章中开篇就提到的："马克思描述整个资本主义社会并揭示其基本性质的两部伟大成熟著作，都从分析商品开始。"①他本人发现资本主义物化现象也始于资本主义商品问题。

卢卡奇受马克思"商品拜物教"概念的启发，把问题的焦点放在了资本主义商品交换上。卢卡奇认为，一个社会商品交换及其结构性后果能影响整个外部和内部的社会生活，或者说商品形式占支配地位、对所有生活形式都有决定性影响的社会的形成是物化现象出现的重要条件。这是因为，商品交换在资本主义社会之前甚至在很原始的社会形态就已存在，但那时商品交换的目的主要是获得使用价值，商品关系还较为清晰。但在现代资本主义社会，商品交换更多为了谋取交换价值，并且商品形式渗透到社会生活的全部方面，商品关系神秘化，"人们就越少而且越难于看清这层物化的面纱"②。卢卡奇深刻领会马克思在《资本论》中得出的"劳动产品成了商品"的结论，并以此为

---

①　本章原文发表于《世界马克思主义研究前沿理论追踪》(第三辑)。卢卡奇:《历史与阶级意识》,杜章智、任立、燕宏远译,商务印书馆,2017年,第130页。

②　卢卡奇:《历史与阶级意识》,杜章智、任立、燕宏远译,商务印书馆,2017年,第133页。

根据对物化现象做了基本规定。劳动产品成了商品,意味着劳动已经被商品形式制约,人自己的劳动成为某种客观的、不依赖于人的东西与人相对立,控制人。这就是物化在主观层面的规定性。在客观层面,由于商品形式的普遍化,人与人之间的生产关系表现为物与物的虚幻关系,一个由物与物之间相互关系的世界形成并同人们相对立。物化现象客观层面的程度不断加深会进一步导致主观层面的物化更为严重,即"人的自我异化"将更突出。根据"劳动产品成了商品"和商品形式的普遍化,卢卡奇不仅对物化现象的主客观层面进行了规定,而且分析了对象化抽象人类劳动的形成。质上不同的劳动对象只有采取相同的商品形式才具有可交换的形式,而这种形式只能由抽象的人类劳动才可以创立出来。这种对象化抽象人类劳动的形式相同性既是商品交换的前提,同样已成为商品实际生产过程的现实支配原则。从对象化人类劳动的相同性出发,卢卡奇找到了物化现象的根源——资本主义合理化原则。

卢卡奇对资本主义合理性原则的揭示受到马克斯·韦伯的合理性和可计算性原则的影响。韦伯认为,现代资本主义社会经济、政治、法律、精神等各领域都受到一种严格、精确的合理性原则支配。这种合理性原则在经济领域主要体现为工具理性以及由此扩展出的形式合理性对资本主义生产的影响。"工具理性"即"通过对外界事物的情况和其他人的举止的期待并利用这种期待作为'条件'或者作为'手段'以期实现自己合乎理性所争取和考虑的作为成果的目的"①。即工具理性强调的是目的,看重的是实现目的的手段。对于资产阶级来说就是通过一切手段追求个人财富。韦伯还指出,可计算性是资本主义经济最本质的特征。"在严密精算的基础上进行理性化,对致力追求经济成果进行妥善计划且清醒冷静的运筹帷幄,实乃资本主义私人经济的一个根本特色。"②卢卡奇以韦伯的理论为渊源,深刻揭示了资本主义经济过程的合理化现象和起支配作用的合理化原则。现象主要表现在两个方面,一是劳动过程愈显机械性、重复性、局部性、合理性;二是社会必要劳动时间愈显客观性、可计算性,同劳动者相对立。对这种现象起支配作用的原则是"根据计算、即可计算性来加以调节的合理化的原则"③。卢卡奇强调,资本主义合理化原则产生的后果就是无产阶级主体性的丧失。由于资本主义的合理化原则,资本主义生产过程的客体逐渐丧失统一性,逐渐专门化和独立化,从而资本主义生产过程的主体也被分成不同的部分。此时劳动主体(工人或劳动者)已经不是劳动过程的主人,而是"作为机械化的一部分被结合到某一机械系统里去"④。劳动主体只能服从机械系统的规律,失去

①　马克斯·韦伯:《经济与社会》(上卷),林荣远译,商务印书馆,1997年,第56页。

②　马克斯·韦伯:《新教伦理与资本主义精神》,康乐、简惠美译,生活·读书·新知三联书店,2019年,第49页。

③　卢卡奇:《历史与阶级意识》,杜章智、任立、燕宏远译,商务印书馆,2017年,第136页。

④　卢卡奇:《历史与阶级意识》,杜章智、任立、燕宏远译,商务印书馆,2017年,第136—137页。

自己的意志和主动性,丧失主体性。这种劳动过程和劳动者的物化加剧,将导致工人意识物化过程的加速,物化意识最终形成。正如卢卡奇所说的:"正像资本主义制度不断地在更高的阶段上从经济方面生产和再生产自身一样,在资本主义发展过程中,物化结构越来越深入地、注定地、决定性地沉浸在人的意识里。"①更为严重的是,物化意识的形成使人们难以看到遍及生活全部的合理机械化和可计算性原则,人们将自觉屈服于资本主义经济的"自然规律",无法走出物化意识的巢穴,陷入了恶性循环。在这种情况下,无产阶级就出现了阶级意识的缺失,不可能对物化和物化意识予以反抗。在如何超越物化问题上,卢卡奇并没有直接得出无产阶级阶级意识形成的结论,而是首先对资产阶级思想进行了哲学反思。因为在卢卡奇看来,只有从"具体的、物质的总体"出发才能对物化予以突破,并且这一突破需要由哲学来完成。进而,卢卡奇在考察了资产阶级思想的二律背反之后认为,只有无产阶级是真正的阶级,只有无产阶级的意识才是总体的意识,才能真正超越物化。

二、过场:批判资产阶级思想二律背反

卢卡奇并没有在揭示资本主义物化现象之后直接提出无产阶级阶级意识的形成问题,而是对以德国古典哲学为代表的资

---

① 卢卡奇:《历史与阶级意识》,杜章智、任立、燕宏远译,商务印书馆,2017年,第141页。

产阶级思想进行了哲学考察。这一环节是卢卡奇意识形态理论的重要组成部分。

近代资产阶级哲学是理性主义的哲学,资产阶级企图用理性主义把握整个世界,但逐渐失去了对整个世界的把握能力。卢卡奇从康德哲学开始对近代资产阶级理性主义的情况进行了考察。近代哲学"不再把世界视为独立于认识主体而产生的(例如由上帝而创造的)什么东西,而主要地把它把握为自己的产物"①。这一点在康德的"哥白尼式的革命"中表现得已经非常明显。近代资产阶级理性主义试图建构一个普遍适用的体系,来涵盖人在自然和社会中所面对的全部方面,但非理性的部分(既定性的部分)却无论如何也无法融入这个体系。这一点在康德的"自在之物"概念中表现得最为明显。康德在《纯粹理性批判》中回答了我们认识世界和能够认识世界的形式和范畴问题,但同样也表达了对于世界本身是什么或者认识的最终实质问题是什么的不可回答性。卢卡奇也重述了这一问题,"不能抽象地和形式地看待理性主义,把它变成为一种人的思想本质中固有的超历史原则"②,即理性主义的体系必然有非理性的界限。但资产阶级哲学还是在努力试图超越和克服这种非理性,力求建立一个包罗万象的体系。这也就是卢卡奇所说的"德国

---

① 卢卡奇:《历史与阶级意识》,杜章智、任立、燕宏远译,商务印书馆,2017年,第160—161页。

② 卢卡奇:《历史与阶级意识》,杜章智、任立、燕宏远译,商务印书馆,2017年,第163页。

古典哲学的伟大、矛盾和悲剧"①的地方。因为只要如此,哲学一定会落入不可解决的二律背反。这种二律背反就体现在:一方面,如果理性主义体系必须具有普遍性,那只能承认非理性的、既定性的内容不存在,那么这种理性主义思维还是独断主义;另一方面,如果理性主义体系被迫承认非理性的、既定性的内容进入体系内,那么这个体系也就不成体系了,因为这些事实之间的关系已不再是理性的。但资产阶级理性主义最终还是走进了独断主义的时期,导致他们只能把握部分性领域的现象,建立抽象的部分性体系,而不能"把可知的整体统一地加以把握"②。卢卡奇指出,放弃把现实把握为整体致使资产阶级的理性主义体系"日益控制着资产阶级社会存在的细节,使它们服从于它所需要的形式,但同时,也日益失去了从思想上控制作为总体的社会的可能性,并因而丧失了领导这个社会的资格"③。

卢卡奇认为,古典哲学并没有在抽象的进退两难前止步不前,而是想通过"走向内发展的道路"以求对整体的把握。"这条向内发展的道路就是先验哲学的道路。"④先验哲学力图找到

---

① 卢卡奇:《历史与阶级意识》,杜章智、任立、燕宏远译,商务印书馆,2017年,第168页。

② 卢卡奇:《历史与阶级意识》,杜章智、任立、燕宏远译,商务印书馆,2017年,第171页。

③ 卢卡奇:《历史与阶级意识》,杜章智、任立、燕宏远译,商务印书馆,2017年,第172页。

④ 程恩慧:《卢卡奇无产阶级革命理论的三部曲》,《马克思主义理论学科研究》,2017年第2期。

一个思维的主体,这一主体又是全部客观内容的创造者,即找到一个同一的主体—客体。"从同一的主体—客体出发,把每一种既定性把握为同一的主体—客体的产物,把每一个两重性把握为从这种原初统一中派生出来的特殊情况。"①但是在卢卡奇看来,越如此,古典哲学的不可解决性越明显。康德在《实践理性批判》中的"行为"的主体就是这样的同一的主体—客体。主体的自由不受经验的限制,完全出于纯粹理性自身的法则(康德称为道德法则)来决定自己的行动。这一法则是理性自己为自己确立的。卢卡奇认为,康德的道德法则与"知性、感性异在的现实、既定性以及经验"之间仍然存在着不可逾越的两重性。道德法则只对理性有效,是以行为动机作为评判标准,而行为一旦出现就已经落入了经验的现象领域,不受道德法则而受自然法则的评判。这样看来,康德并没有解决既定性和非理性的问题,而是使理性与非理性之间不可解决的、永恒化了的分裂进入主体最内在的结构之中。所以卢卡奇强调,当既定现实被理解为主体的产物时,思维也就采取了纯直观的态度,也就在这时,既定现实以非理性的形式成为不可克服的东西。德国古典哲学一刻也没有停止对主体统一的重建,总是试图用一种固定的模式把握整个世界,这为辩证法奠定了基础。正如卢卡奇所说,"起源、认识创造者的创造,自在之物的非理性的分解,被埋葬的人的复

---

① 卢卡奇:《历史与阶级意识》,杜章智、任立、燕宏远译,商务印书馆,2017年,第174页。

活等等,现在都具体地集中在辩证法的问题上"①。这在黑格尔的概念辩证法中得到最大彰显。黑格尔的辩证法建立在其"实体即主体"的思想之上,"一切问题的关键在于:不仅把真实的东西或真理理解和表述为实体,而且同样理解和表述为主体"②。辩证的否定是黑格尔辩证法的核心。主体中包含着纯粹的否定性,它自己否定自己,将自身树立为自己的对立面,然后扬弃自身、恢复自身的统一性,由此成为现实。主体的自我运动、自我实现、自我完成的过程就是绝对精神或世界精神历史的生成过程。在卢卡奇看来,黑格尔哲学之所以提出绝对精神,是因为它"不可能在历史本身之中发现和指出同一的主体—客体,所以它被迫超越历史,并在历史的彼岸建立自我发现的理性的王国"③。所以卢卡奇认为,古典哲学的倒退一切都归因于它把问题局限在了纯思想的范围内,误入了概念的神话而找不到出路。古典哲学至终仍是没有解决和不能解决的二律背反。

三、出场:提出唤醒无产阶级意识

卢卡奇意识形态理论的最终出场是提出唤醒无产阶级的阶

---

① 卢卡奇:《历史与阶级意识》,杜章智、任立、燕宏远译,商务印书馆,2017 年,第 196 页。

② 黑格尔著:《精神现象学》(上卷),贺麟、王玖兴译,上海人民出版社,2013 年,第 61 页。

③ 卢卡奇:《历史与阶级意识》,杜章智、任立、燕宏远译,商务印书馆,2017 年,第 202 页。

级意识。卢卡奇认为,无产阶级的意识具有中介性和总体性的特点,只有形成阶级意识的无产阶级才是真正同一的主体—客体,才能克服物化。并且,卢卡奇也认识到无产阶级意识必须要转变为实践才能发挥作用。

关于阶级意识,卢卡奇进行了历史考察。卢卡奇认为,阶级意识不是组成阶级的单个个人的思想、所感觉的东西的总和或者他们的平均值,而是作为总体的阶级在历史的行动中对社会总体的认识。这就涉及,一个阶级对社会总体认识到什么程度,对他们自己的阶级利益能意识到什么程度。如果一个阶级的阶级利益涉及了社会总体,这个阶级在社会中就是主动的阶级,即统治阶级或革命的阶级,相反就是被动的阶级、被统治的阶级。所以,在卢卡奇看来,前资本主义时期没有自觉的阶级意识。因为,对于前资本主义时代的许多阶层来说,"他们的阶级意识就其本质而言既不可能具有一种十分清晰的形式,也不可能有意识地对历史事件发生影响"①。卢卡奇指出,在资产阶级社会,只有资产阶级和无产阶级才是纯粹的阶级。但由于资产阶级的阶级局限性,它的阶级意识只是"虚假的意识",不是关于社会总体的阶级意识。资产阶级的生产始终地和必然地从个别资本家的立场出发来观察经济生活,这就在意识层面限制了资产阶级对社会总体的把握。资产阶级意识表现出纯直接性的特点。"直接性和中介就不仅是对待现实的客体所采取的相互隶属、相

---

① 卢卡奇:《历史与阶级意识》,杜章智、任立、燕宏远译,商务印书馆,2017 年,第 100 页。

互补充的方式,而且还同时是……辩证地相关的规定。"①简言之,直接性就是一种纯粹直观,是对客体只肯定和接受的认识方式,而中介则是通过辩证地把握历史总体中的中介环节和中介要素,对客体加以批判、否定、改造的认识方式。卢卡奇指出,资产阶级思想恰恰缺少了中介,"资产阶级思想的最终的、决定整个思想的立场就变成为纯直接性的立场"②。正因为如此,资产阶级无法形成关于社会总体性的阶级意识。

卢卡奇认为,只有无产阶级才能形成真正的总体观念,也就是关于人作为统一的主体—客体的地位的自觉意识。这由无产阶级本身特殊的历史地位决定的,即无产阶级既是物化的牺牲者,又是扬弃物化的根本力量。在资本主义社会中,资产阶级和无产阶级同样面临直接性的限制问题。但由于资产阶级始终以主体的角色自居,以抽象的反思范畴认识社会的细枝末节,所以只能禁锢在直接性中,不能达到自觉的阶级意识。而无产阶级是暂时被迫作为社会客体的角色出现的,受到资本主义物化的沉重影响,所以他们被迫力求超越直接性。"只有当工人意识到他自己是商品时,他才能意识到他的社会存在。"③相对于资产阶级思想的纯粹直接性,无产阶级在认识到自己社会存在的那

---

① 卢卡奇:《历史与阶级意识》,杜章智、任立、燕宏远译,商务印书馆,2017年,第213页。

② 卢卡奇:《历史与阶级意识》,杜章智、任立、燕宏远译,商务印书馆,2017年,第213页。

③ 卢卡奇:《历史与阶级意识》,杜章智、任立、燕宏远译,商务印书馆,2017年,第227页。

一刻,直接性的障碍就已经内在地克服了。无产阶级把握社会总体依靠的是思维的中介性。无产阶级认识到全部总体都包含在每一个被辩证地、正确地把握的环节之中,这些环节的最终目标就是把社会认识为历史的总体。这种中介性的思维模式体现了辩证的方法,"辩证的方法之不同于资产阶级思想,不仅在于只有它能认识总体,而且在于这种认识是由于整体对部分的关系已变得根本不同于在以反思规定为基础的思想中的关系才成为可能"①。卢卡奇称这种辩证法为"历史的辩证法"。无产阶级只有掌握历史的辩证法,才能把握具体的历史形态,才能认识到历史前进与后退的辩证性,才能在此过程中达到自我认识的更高阶段。卢卡奇指出,"无产阶级唯一的武器,它的唯一有效的优势就是:它有能力把整个社会看做是具体的、历史的总体;有能力把物化形式把握为人与人之间的过程"②。卢卡奇阐述了无产阶级意识对于阶级斗争和无产阶级革命的重要性。"革命的命运(以及与此相关联的是人类的命运)要取决于无产阶级在意识形态上的成熟程度,即取决于它的阶级意识。"③所以,只有成为实践的无产阶级意识才能取得阶级斗争的胜利。正如卢卡奇所说的,"无产阶级本身也只有当它采取真正实践的态度

---

① 卢卡奇:《历史与阶级意识》,杜章智、任立、燕宏远译,商务印书馆,2017年,第228页。

② 卢卡奇:《历史与阶级意识》,杜章智、任立、燕宏远译,商务印书馆,2017年,第259页。

③ 卢卡奇:《历史与阶级意识》,杜章智、任立、燕宏远译,商务印书馆,2017年,第117页。

时,它才能克服物化"①。无产阶级意识的形成过程同样就是无产阶级革命的过程,这就需要无产阶级扬弃自身,把阶级斗争进行到底,实现无产阶级社会。只有这样,无产阶级才能实现自身。所以, 在卢卡奇这里,"以无产阶级的内在转变、自我教育为内涵的意识革命就成为总体性的无产阶级革命的核心问题"②。

四、评析:卢卡奇意识形态理论的继承与倒退

从入场来看,卢卡奇从资本主义经济领域入手得出无产阶级意识缺失,是对马克思意识形态理论的继承。马克思开始发现意识形态问题就是植根于现实的人的物质生产实践,具体来说,就是关注到无产阶级在生产过程中被剥削和压迫的现实。马克思在《1844 年经济学哲学手稿》中用异化概念对无产阶级生存状况的概括与卢卡奇的物化概念高度相像。虽然卢卡奇直接混同了物化和异化的概念,但就对资本主义经济的分析来看,卢卡奇"实际上所研究和阐明的主要是资本主义社会的异化现象"③。卢卡奇的物化概念已经深刻揭示了物的关系掩盖人与

①　卢卡奇:《历史与阶级意识》,杜章智、任立、燕宏远译,商务印书馆,2017 年,第 269-270 页。
②　衣俊卿:《20 世纪新马克思主义》,中央编译出版社,2012 年,第 60 页。
③　燕宏远:《沉思与批判——卢卡奇走向马克思的道路》,社会科学文献出版社,2020 年,第 87 页。

人之间关系的异化本质。但对物化或异化根源的追究,卢卡奇却远不及马克思深刻。马克思对异化的根源追寻到了资本主义生产社会化与生产资料私有制的矛盾。工人被资本家雇佣,工人的"劳动不是自愿的劳动,而是被迫的强制劳动"[1],工人不是为自己生产财富,而是自我牺牲。马克思还从异化劳动看到了非工人(即雇主或资本家)在此过程中获得了私有财产,私有财产又变成实现异化劳动的手段。"私有财产一方面是外化劳动的产物,另一方面又是劳动借以外化的手段,是这一外化的实现。"[2]相对于马克思从资本主义生产过程出发分析异化问题,卢卡奇主要是从资本主义商品交换的视角研究物化。虽然在进一步研究物化问题时卢卡奇也深入资本主义的生产过程,但他贯穿了韦伯的合理性和可计算性原则,仅论证了机械化生产体系对工人劳动的影响,却没有发现资本剥削的秘密。除此之外,卢卡奇之所以把物化和对象化作为相同概念看待,是因为其深受黑格尔绝对精神运动的影响。在黑格尔那里,主体的对象化就是异化,对异化的扬弃以及主体性的恢复过程就是绝对精神自我运动的过程。卢卡奇将对象化直接等同于物化,并且全部持批判态度,是对黑格尔的复归。只要机器运转一天,工人劳动一天,对象化将始终存在。所以,如果不区分开对象化和物化,

---

[1]　中共中央马克思恩格斯列宁斯大林著作编译局编译:《马克思恩格斯文集》(第一卷),人民出版社,2009年,第159页。

[2]　中共中央马克思恩格斯列宁斯大林著作编译局编译:《马克思恩格斯文集》(第一卷),人民出版社,2009年,第166页。

卢卡奇将永远无法超越物化。如此看来,卢卡奇对物化根源的探寻以及对物化和对象化同一的错误理解是对马克思异化思想的一种倒退。

从过场来看,卢卡奇对资产阶级思想进行哲学批判,是对马克思意识形态理论的继承。卢卡奇认为资产阶级思想具有不可解决的二律背反,马克思认为德意志意识形态是本末倒置、虚假的意识形态,二者具有异曲同工之处。马克思正是在与以黑格尔哲学(包括青年黑格尔派哲学)为代表的德意志意识形态进行彻底决裂的基础上才建立了自己以实践为基石的意识形态理论。马克思早在《黑格尔法哲学批判》中就通过对黑格尔"国家决定市民社会"观点的批判阐明了研究意识形态问题需要从现实经验、存在出发的方法论。在马克思看来,黑格尔把国家看作是市民社会的内在目的和外在必然性,这是一种神秘主义的思维方式。马克思认为,市民社会的本质是特殊利益和私人需求,国家不可能成为市民社会的内在目的。马克思论证了市民社会无论在时间还是逻辑上都是国家产生的前提,不是"国家决定市民社会",而是"市民社会决定国家"。马克思批判黑格尔之所以会颠倒二者之间的关系,是因为"黑格尔在任何地方都把观念当作主体,而把本来意义上的现实的主体……变成谓语"①。马克思称黑格尔这种将思维和存在、现实和理性、主语与谓语关系的颠倒称为"法哲学和黑格尔整个哲学神秘主义之大成"。马

---

① 马克思、恩格斯:《马克思恩格斯全集》(第三卷),中共中央马克思恩格斯列宁斯大林著作编译局编译,人民出版社,2002年,第14页。

克思在《1844 年经济学哲学手稿》中通过对黑格尔《精神现象学》主客观关系颠倒的说明进一步批判了黑格尔抽象的思辨唯心主义哲学。在《德意志意识形态》中,马克思分析了德意志意识形态的虚假性,彻底清算了黑格尔哲学。马克思认为,不论是鲍威尔的自我意识哲学,还是施蒂纳的利己主义,都没有摆脱思辨唯心主义的统治,本质上仍然是神秘主义。"他们按照自己关于神、关于标准人等等观念来建立自己的关系。他们头脑的产物不受他们支配。"①正是因为德意志意识形态把存在和形式、主体和客体、现实和思想的关系弄颠倒了,所以他们在精神的迷宫中无法走出。从哲学批判的结论来看,卢卡奇基本上延续了马克思的思路。卢卡奇也明确指出,德国哲学就是一种"把问题局限在纯思想范围内的做法"②。但从哲学批判的出路来看,卢卡奇并没有继承马克思,马克思在哲学批判基础上走向了现实,而卢卡奇却在意识领域内兜了圈子。马克思在批判黑格尔哲学的基础上,为意识形态奠定了科学基石——实践。在《关于费尔巴哈的提纲》中,马克思就提出:"人的思维是否具有客观的真理性,这不是一个理论的问题,而是一个实践的问题。"③在《德意志意识形态》中马克思直接明确了其意识形态的基本观点,即

---

①　中共中央马克思恩格斯列宁斯大林著作编译局编译:《马克思恩格斯文集》(第一卷),人民出版社,2009 年,第 509 页。

②　卢卡奇:《历史与阶级意识》,杜章智、任立、燕宏远译,商务印书馆,2017 年,第 172 页。

③　中共中央马克思恩格斯列宁斯大林著作编译局编译:《马克思恩格斯文集》(第一卷),人民出版社,2009 年,第 500 页。

"生活决定意识",并进而在《共产党宣言》和《政治经济学批判序言》中阐述了"社会存在决定社会意识"的基本理论。所以在马克思那里,对资本主义意识形态的消解最终还是要落脚到无产阶级的革命实践,还是要铲除资本主义私有制。而卢卡奇在批判资产阶级思想的二律背反之后,证实了只有无产阶级是真正的同一的主体—客体,只有无产阶级的意识觉醒才是真正消除物化。这无疑把问题又放回了意识领域,从这一点看,是马克思意识形态理论的倒退。

从出场来看,卢卡奇提出唤醒无产阶级的阶级意识及其转化为实践,是对马克思意识形态理论的继承。马克思在《哥达纲领批判》中划分了共产主义社会初级和高级两个阶段,并且论证了在共产主义初级阶段,社会仍然会受到资本主义意识形态的束缚。这就要求无产阶级同样需要建立强大的意识形态来与其相对抗。关于无产阶级的解放问题,马克思始终强调解放的唯一途径是无产阶级的革命实践,在于"使现存世界革命化"。无产阶级只有消灭自己现存的占有方式,从而消灭全部至今存在的占有方式,才能获得社会生产力,才能真正解放自己。从这里可以看出,马克思论述的无产阶级意识形态与资产阶级意识形态的斗争只是无产阶级革命中的一部分,无产阶级革命根本上是要消灭资本主义的生产方式、消灭私有制。而卢卡奇的意识形态理论更多的是论述无产阶级意识相对于资产阶级意识的优越性,并且直接把无产阶级意识形态的形成过程看作是无产阶级革命的过程,把无产阶级革命局限在了意识革命的范围内。

虽然卢卡奇也强调了实践对于无产阶级意识的重要性,但他只提出了观点,并没有论证无产阶级如何通过总体性来恢复阶级意识的具体路径,在如何转向实践的问题上停滞不前了。或者说,正是因为卢卡奇把革命的核心放在了意识领域,所以他也不可能找到无产阶级解放的具体路径。由此,卢卡奇意识形态理论并没有在马克思意识形态理论的基础上前进,相反是一种带有理论幻想的倒退。

五、启示:坚持意识形态的唯物史观向度

党的二十大报告明确指出,意识形态工作是为国家立心、为民族立魂的工作。① 意识形态领域安全关乎道路方向、制度稳定、精神风貌、理论发展和文化命运。所以,习近平总书记多次强调,要"牢牢掌握意识形态工作领导权,建设具有强大凝聚力和引领力的社会主义意识形态"。以马克思意识形态理论的视域对卢卡奇意识形态理论演进进行全过程审视,启示建构新时代社会主义意识形态需坚持一个重大原则,即坚持意识形态的唯物史观向度。这是做好新时代意识形态工作的基本遵循。

第一,需要认识到社会主义意识形态的特殊性和时代性。在马克思和卢卡奇所处的时代,无产阶级的力量还不足以建立起自己的意识形态。但是,历史发展到今天,社会主义意识形态

---

① 习近平:《高举中国特色社会主义伟大旗帜 为全面建设社会主义现代化国家而团结奋斗——在中国共产党第二十次全国代表大会上的报告》,人民出版社,2022 年,第 43 页。

已经成为可以与资本主义意识形态同台博弈的世界两大意识形态之一。正确认识社会主义意识形态的特殊性和时代性是加强社会主义意识形态建设的首要前提。一是社会主义意识形态是代表最广大人民利益的意识形态。社会主义意识形态与资本主义意识形态的根本区别就在于，社会主义意识形态代表最广大人民的根本利益，资本主义意识形态代表资产阶级的利益。认识到这一点，也就认识到社会主义意识形态建设的重要性，也就能准确把握社会主义意识形态建设的首要任务和价值指向。二是社会主义意识形态具有扼制敌对意识形态的历史使命。社会主义意识形态作为工人阶级意志的体现，作为代表最广大人民利益的意识形态，不仅在统一人民思想、凝聚人民精神等方面发挥作用，也承担着保证意识形态领域安全，扼制敌对意识形态的历史使命。除了与社会主义意识形态相对立的资本主义意识形态以外，还有众多社会主义敌对分子、敌对势力的意识形态破坏意识形态领域安全，阻碍社会主义意识形态建设。对各种敌对意识形态加以扼制是维护意识形态领域安全，建设强大的社会主义意识形态的必经之路。三是社会主义意识形态在世界范围的影响力不断增强。随着中国特色社会主义的迅速发展，综合国力不断增强，中国特色社会主义制度在世界范围的吸引力和影响力不断提升，特别是人类命运共同体思想的推广和获得的赞扬，中国智慧和中国方案被越来越多国家认同和关注。"新冠肺炎"疫情在全球蔓延，中国抗疫取得决定性胜利，表现出中国特色社会主义制度的优越性，从而让社会主义意识形态在世界范围的影响力不断增强。

第二，新时代意识形态工作必须以新时代物质生活实践为根本遵循。马克思的意识形态理论和卢卡奇的意识形态理论都注重从经济领域考察意识形态问题。意识形态作为观念上层建筑的范畴，取决于一定历史时期由生产关系总和构成的社会经济基础，从而取决于一定历史时期的物质生产力，这是任何历史时代都不以人的意志为转移的普遍真理。新时代意识形态工作同样要坚持这一基本原理。党的十九届五中全会深入围绕人民物质生活实践，深入分析了我国当前和今后发展的机遇和挑战。这些机遇和挑战不仅会影响我国的发展大局，同时也会引起意识形态领域的发展变化。一方面，新时代以来，特别是"十三五"以来，我国发展转入高质量阶段，同时制度优势、治理效能、物质基础、市场空间等展现出多方面的优势，极大振奋广大人民群众的精神，有利于社会主义意识形态的建设和巩固，但同时也势必会加剧国内外敌对思潮的进一步攻势。另一方面，我国发展的不平衡不充分的问题仍然突出。特别是农业基础不稳固、城乡区域发展和收入分配差距较大、生态环保任重道远、民生保障存在短板、社会治理还有弱项等问题势必会影响意识形态领域的稳定。同时会给国内外敌对思潮营造薄弱环节，从而影响意识形态安全。这些由社会物质生产实践因素造成的意识形态领域的变化是新时代意识形态工作的根本遵循。

第三，在意识形态斗争中建构社会主义意识形态。当今意识形态领域的斗争，不论是全球范围内社会主义和资本主义两种意识形态的交锋,还是国内外敌对势力在意识形态领域的攻势和错误思潮在意识形态领域的干扰,都日益激烈。面对这些敌对思潮和错误认识,我们必须同他们进行彻底斗争,深刻批判他们的理论诟病,揭露他们丑陋的政治目的。与此同时,我们也必须加强自身建设,建设具有强大凝聚力和引领力的社会主义意识形态。一是必须同各种敌对思潮作长期斗争。由于国内发展处于"两个一百年"的历史交汇处,国际局势也处于百年未有之大变局,在这样的历史时刻,敌对思潮总是会在意识形态领域制造事端,攻击我国社会主义的建设和发展。民主社会主义、新自由主义、历史虚无主义、普世价值论等思潮披着西方的外衣,向中国渗透西方的意识形态和价值观,反对社会主义意识形态,从而企图达到西化、分化中国的目的。我们应该清醒地认识到,当前资本主义的发展仍然没有超出马克思对资本主义发展规律的预判,马克思当时对资本主义的批判在今天仍然具有时代意义,是我们学习借鉴的重要内容。二是必须同各种错误认识作长期斗争。当前社会中对意识形态的认识存在一些误区,这些认识上的问题从根本上说就是脱离了历史唯物主义。主要表现为意识形态终结论和意识形态淡化论。意识形态终结论来自西方,主要代表人物有科隆、希尔斯、贝尔、利普赛特、福山等人。这一部分人认为,西方经济出现复苏现象、社会矛盾也逐渐缓和、社会主义发展处在低潮,资本主义已经是最高级的意识形态,不会再有比资本主义更科学合理的社会形态,意识形态已经走上了终结。贝尔认为:"在西方世界里,在今天的知识分子中间,对如下的政治问题形成了一个笼统的共识:接受福利国家、希望分权、混合经济体系和多元政治体系,从这个意义上讲,意识形态的时代也已经走向了终结。"①也就说,贝尔认为,资本主义社会的表面繁荣可以忽略意识形态的统治问题。福山在《历史的终结》也提到,自由民主的理念已经是社会发展到最完美阶段的社会形态和理论体系。但现实社会并不像他们所想象的这样,资本主义社会的矛盾并没有缓解,而是更加尖锐。社会主义的生命力也并没有消退,一切都没有超出马克思历史唯物主义的视域。意识形态淡化论主要恶意营造忽视、轻视意识形态领域严峻形势的氛围。西方资本主义国家同样是想通过建构人们淡化意识形态的心理后乘虚而入,企图传播西方的价值理念,挑战我们的主流意识形态地位。和平与发展尽管仍然是当今时代的主题,但这并不意味着没有不安全的因素,意识形态领域的斗争是没有硝烟的战争,这一斗争在今天仍然非常激烈。习近平总书记也曾强调,"意识形态领域的斗争依然复杂"。并且意识形态领域的斗争早已不是隐性的,各种敌对的言论频发、思潮迭起,甚至还有反国家政权、反党的领导的暗流不时涌动。因此,意识形态问题在当今仍然需要从历史唯物主义的视角出发去看待,在资本主义和社会主义两种制度仍然竞争发展的当下,一刻也不能放松意识形态领域的警惕和关注。新时代社会主义意识形态要着重阐释新时代意识形态工作的重要性,突出意识形态

---

①　丹尼尔·贝尔:《资本主义的文化矛盾》,赵一凡、蒲隆、任晓晋译,生活·读书·新知三联书店,1989年,第87-88页。

关乎旗帜、关乎道路、关乎国家政治安全的重要意义，着重明确中国共产党掌握意识形态工作领导权、话语权、管理权的重大意义。社会主义意识形态的建构必然成为应对新时代意识形态领域复杂形势和严峻挑战的斗争武器。

综上所述，卢卡奇意识形态理论从揭示资本主义物化意识入场，经过批判资产阶级思想二律背反的过场，最终以提出唤醒无产阶级意识出场，是一个完整系统的逻辑运演过程。卢卡奇从经济领域入手考察意识形态问题、注重资产阶级意识形态的哲学批判、阐发无产阶级意识的特点及其重要性是对马克思意识形态理论的继承和发展。但归根究底，卢卡奇意识形态理论未深入到资本主义社会的基本矛盾，未探寻到意识形态的理论真谛，未落脚到无产阶级的现实解放路径，最终把"意识革命"作为无产阶级革命的主要内容，在一定程度上是对马克思意识形态理论的倒退。即便如此，卢卡奇以其意识形态理论为重要组成部分的整体思想的确奠定了整个西方马克思主义研究的基底，对法兰克福学派的资本主义社会批判视角以及更多理论学派产生了深刻影响。当前国内学界对国外马克思主义理论研究成为热潮，表现在对法兰克福学派研究持续深入，对英美马克思主义和后马克思主义研究不断成为重心，对西方左翼思潮研究不断进展。面对如此的研究现状，回归到卢卡奇的思想资源，推动卢卡奇研究向纵深发展对于整个国外马克思主义理论研究，包括对当代中国马克思主义、21世纪马克思主义研究来说都具有十分重要的理论价值和学术意义。

第三章　马尔库塞与意识形态
——马尔库塞的科学技术意识形态批判理论

　　西方马克思主义法兰克福学派的代表人物马尔库塞通过对当代资本主义社会现实的考察，发现"技术理性"作为一种意识形态已完全控制社会，提出发达工业社会沦为全面的"单向度"。在《单向度的人：发达工业社会意识形态研究》一书中，马尔库塞对"单向度的社会"和"单向度的思想"进行了全面论述，完成了对西方资本主义社会的深刻批判，形成了其独具特色的资本主义意识形态批判理论。众多学者对马尔库塞"单向度的人"思想有了较深刻的研究，但研究大多局限在《单向度的人：发达工业社会意识形态研究》一书。对马尔库塞"单向度的人"思想的研究还需要放在西方马克思主义，特别是西方马克思主义人本主义的宏观视域下展开。并且，研究还需要联系在《单向度的人：发达工业社会意识形态研究》一书之前的《爱欲与文明》一书和之后的《革命与造反》一书，只有这样才能系统全面地把握其思想。虽然马尔库塞关于超越"单向度的人"的革命新理论具有乌托邦的色彩，但是这一思想本身对我们认识现代化问题，促进人的全面发展仍具有重要的理论和现实意义。

一、西方马克思主义人本主义的高峰

西方马克思主义是现代西方人本主义和科学主义思潮与马克思主义碰撞、交流、融合过程中兴起的新马克思主义。由此，西方马克思主义在发展过程中大致形成两个基本派别，即人本主义马克思主义和科学主义马克思主义。而西方人本主义马克思主义无论在影响规模、影响程度和代表人物数量方面，都在当代西方马克思主义格局中占据重要地位。早期西方马克思主义的代表人物卢卡奇、科尔施、葛兰西，法兰克福学派，以及存在主义马克思主义、弗洛伊德主义马克思主义等，都可以划归到西方人本主义马克思主义的阵营。上列代表人物或代表学派，"无论在研究领域还是具体见解上均存在很大差异，甚至存在冲突和相互批判"[1]，但他们之中始终围绕着一个共同轴心或核心立场，即人本主义。就核心观点，首先，西方人本主义马克思主义回归马克思早期著作《1844年经济学哲学手稿》，聚焦马克思异化理论，着重阐释了人的主体性、人的存在和人与世界的本质问题，将人置于历史和哲学的中心。其次，西方人本主义马克思主义以人本主义的尺度，深刻批判分析了资本主义社会的异化现象。最后，西方人本主义马克思主义提出了不同于经济革命和政治革命的以意识、心理、文化革命等为重心的"总体革命"方

---

[1] 本章原文发表于《理论界》2022年第10期。衣俊卿：《20世纪新马克思主义》，中央编译出版社，2012年，第20页。

式,并就实现人的解放和人的自由发展作出了人道主义色彩的设想。

早期西方马克思主义是人本主义马克思主义的萌芽,最具代表性的是卢卡奇物化与物化意识以及无产阶级"阶级意识"的提出。在《历史与阶级意识》一书中,卢卡奇明确提出了资本主义社会人的关系被物的关系掩盖和统治的物化现象,商品结构成了社会的一般原则和操纵力量。物化现象不断加剧以至于普遍化,最终导致物化的内化,人自觉地、非批判地接受物化的现象和结构,形成物化意识。物化和物化意识使得"人的存在和历史进程无论在理论上还是在实践上都丧失了内在的、有机的、具体的总体性"①。因而,恢复总体性的认识、恢复总体性原则在社会历史进程中的地位是卢卡奇提出的扬弃物化最重要的途径。总体性是指人的存在的总体性,核心是人的主体性。所以,卢卡奇强调,无产阶级阶级意识的觉醒和生成是扬弃物化,从而恢复总体性的需要。"革命的命运(以及与此相关联的是人类的命运)要取决于无产阶级在意识形态上的成熟程度,即取决于它的阶级意识。"②

存在主义马克思主义主张用存在主义补充马克思主义。存在主义马克思主义的代表人物萨特认为,当代马克思主义停滞

---

① 衣俊卿:《20世纪新马克思主义》,中央编译出版社,2012年,第43页。

② 卢卡奇:《历史与阶级意识》,杜章智、任立、燕宏远译,商务印书馆,2017年,第117页。

了马克思本人立足于实践研究人、强调人的特殊性的内容,而是把具体的人变成了抽象的符号。"当代马克思主义在偶然性方面抛弃了人类生活的一切规定性……结果它完全失去了人的含义。"①萨特以为,存在主义就是一种人道主义哲学。在《存在主义是一种人道主义》一书中,萨特就"主张人本身就是目的,而且是最高价值"②。但是,在该书中,萨特也明确表明了,存在主义的人道主义脱离了人的具体实践和历史进程,是一种悲观的人道主义,带有某种抽象人本学的特征。面对当代马克思主义的"人学空场"和存在主义人道主义内部的理论缺陷,萨特强调建立存在主义的马克思主义,根本是建立一种以人的具体活动或个人实践为基础的历史的人类学,突出每一个个体的自由、特殊性、个性等。

弗洛伊德主义马克思主义是一种把弗洛伊德精神分析学同马克思主义综合起来,用弗洛伊德主义补充、重建马克思主义的思潮。弗洛伊德主义马克思主义的代表人物弗洛姆认为,马克思主义是一种人道主义,马克思就是从异化出发来考察人的本质。马克思关心的根本问题就是如何克服异化,实现人的解放。但是弗洛姆认为马克思"缺乏应有的心理学见识"③,更多强调

---

① 萨特:《辩证理性批判》(上),林骧华等译,安徽文艺出版社,1998年,第71页。

② 萨特:《存在主义是一种人道主义》,周煦良、汤永宽译,上海译文出版社,1988年,第29页。

③ 弗洛姆:《健全的社会》,欧阳谦译,中国文联出版公司,1988年,第265页。

经济、政治因素对社会发展的影响，而忽视了人的内在需要、感情、性格等心理因素。因此，马克思主义必须从弗洛伊德学说中汲取合理成分。弗洛姆注重对现代人的深层心理机制和性格结构异化性质的揭示，强调人的主体性。在《逃避自由》一书中，弗洛姆提出，随着人的生存对自然的超越，人的个体化不断发展，人的自由不断实现，但是人的孤独感也在不断增强。"在日益个人化的过程中，每进一步，人们便遭到新的不安的威胁。"[①]正是因为如此，人们才会产生逃避自由的心理，而逐渐放弃个人的独立，投身于对某种权威的认同，以获得安全感。弗洛姆强调，逃避自由不能使人获得真正的安全感，只会使人失去个性和自由，并且把自己的命运交付给某种专制体制。面对人的生存困境，人的最佳出路在于建立"积极自由的生存状态"，即人的个性和潜能的发挥。

法兰克福学派针对当代资本主义由于技术理性的影响而变成一个病态的社会，对"发达工业社会"或者晚期资本主义社会进行了彻底的批判。马尔库塞作为法兰克福学派的代表人物，其"单向度的人"的思想同样聚焦资本主义技术理性，对"发达工业社会"失去否定性、批判性，社会全面沦为"单向度"，从而人也沦为"单向度"作了深刻批判。可以说，马尔库塞"单向度

---

① 埃里希·弗洛姆：《逃避自由》，刘林海译，北方文艺出版社，1987年，第12页。

的人"的思想是人本主义西方马克思主义发展的高峰①。

二、发达工业社会沦为全面的"单向度"

马尔库塞在《单向度的人：发达工业社会意识形态研究》一书中用"单向度"这一概念一针见血地揭示了发达工业社会人们所面临的生存困境。人生存在社会中，应该是"双向度"或"多向度"，不仅追求物质生活，同样追求精神自由，人是具有批判性、否定性和超越性的人。但在马尔库塞看来，随着技术的进步和财富的增长，并没有给人带来预想的自由和幸福，人们反而失去了批判、否定和超越的能力，成为了"单向度的人"。生活在"单向度的社会"中的"单向度的人"受到技术理性意识形态导致的极权主义的完全控制，已经没有能力甚至无法想象不同于当前实际生活的另一种生活，完全成为发达工业社会的奴隶。在《单向度的人：发达工业社会意识形态研究》一书中，马尔库塞从"单向度的政治""单向度的文化""单向度的语言"和"单向度的哲学"几个方面全面揭露了发达工业社会的"单向度"。

第一，单向度的政治。在政治层面，"发达工业社会本质上是一个使人的自由全面丧失的极权主义社会"②。《单向度的

①　梁玉春：《从"全面贫困化"到"单向度的人"——西方马克思主义社会批判理论的人本主义转向》，《新视野》，2018年第2期。
②　陈俊：《技术与自由——马尔库塞技术哲学思想研究》，中国社会科学出版社，2013年，第53页。

人：发达工业社会意识形态研究》一书导言的标题就是"批判的停顿：没有反对派的社会"，这直接体现出政治的一体化。马尔库塞认为，"技术的合理性已经变成政治的合理性"[1]，这种合理性淹没或拒绝所有历史替代性选择[2]。正是因为技术合理性，所以发达工业社会的极权主义与传统极权主义完全不同。传统极权主义主要通过暴力实施统治，而发达工业社会的极权主义是一种"非恐怖的经济技术协作"，是通过既得利益者对各种需要的操纵发生作用的。马尔库塞区分了"真实的需要"和"虚假的需要"。马尔库塞认为，为了特定的社会利益而从外部强加在个人身上的那些需要，使艰辛、侵略、痛苦和非正义永恒化的需要，是"虚假的"需要，也是"抑制性需要"。这些"虚假的需要"并没有引起人们的抗议，而是由于其导致"阶级差别的平等化"，使得"人们早就已经适应于这种控制的接收器"[3]。最终的结果是，自由的需要被有效地窒息，同时它完全容忍和宽恕富裕社会的破坏力量和抑制功能。"抑制性的社会管理愈是合理、愈是有效、愈是技术性强、愈是全面，受管理的个人用以打破奴隶状态并获得自由的手段与方法就愈是不可想象。"[4]在发达工业社会

---

① 马尔库塞：《单向度的人：发达工业社会意识形态研究》，刘继译，上海译文出版社，2008 年，第 7 页。

② 历史的替代性选择马尔库塞在《单向度的人：发达工业社会意识形态研究》中解释为"现实的可能性"。

③ 马尔库塞：《单向度的人：发达工业社会意识形态研究》，刘继译，上海译文出版社，2008 年，第 8 页。

④ 马尔库塞：《单向度的人：发达工业社会意识形态研究》，刘继译，上海译文出版社，2008 年，第 7 页。

极权主义的控制下,劳动阶级也发生了重大转变。伴随科技进步带来的社会生产的工业化,劳动阶级在劳动中所耗费体力的强度不断降低,劳动职业的层次趋向同化,进而劳动者的态度和意识发生改变,逐渐接受"社会和文明的一体化",最终,"新的技术工作世界因而强行削弱了工人阶级的否定地位:工人阶级似乎不再与确立的社会相矛盾"①。

第二,单向度的文化。正如政治领域的一体化,发达工业社会在文化领域也出现一体化现象,突出表现是"高层文化"的俗化。"文学的某些重要观念、重要形象及其命运将表明技术合理性的进步正在如何清除'高层文化'中的对立性因素和超越性因素。"②在马尔库塞看来,高层文化是一种前技术性文化,带有浓厚的封建色彩,正是前技术社会理念和现实之间不可弥合的巨大距离才滋生出这种文化。因此,"高层文化"是否定性的,它们"从已确立的生活形式中摆脱和有意识地异化出来……也是与已确立生活形式相对立的"③。但是,在发达工业社会,因为大众传播媒介的作用,"高层文化"被赋予了商品的形式,从而它的交换价值超越了其本身的真实价值。"高层文化"中所蕴含的文化和现实之间的对立被消除,其超越性因素也随之烟

---

① 马尔库塞:《单向度的人:发达工业社会意识形态研究》,刘继译,上海译文出版社,2008年,第27页。

② 马尔库塞:《单向度的人:发达工业社会意识形态研究》,刘继译,上海译文出版社,2008年,第46页。

③ 马尔库塞:《单向度的人:发达工业社会意识形态研究》,刘继译,上海译文出版社,2008年,第49页。

消云散。最终,高层文化丧失了自己的否定性力量,成为为现存不合理社会进行辩护的工具。马尔库塞认为,艺术也遭遇了同"高层文化"相同的境遇,艺术的异化功能消失。艺术异化本应该是对"异化的存在的有意识超越,是'更高层次的'或间接的异化"①,而现在社会的吸收能力通过同化其对抗性内容而消去了艺术的这一向度。马尔库塞认为文化领域也出现了极权主义,这种极权主义通过压制的方式使艺术完全并入了它所处的社会。艺术异化中的艺术和日常秩序间的重大裂隙,被发达技术社会逐渐弥合,他们变成商业性的东西被出售,最终,艺术异化跟其他否定方式一道屈从于技术合理性的进程。

第三,单向度的语言。单向度的社会还表现在语言的统一性和技术化。"社会宣传机构塑造了单向度行为表达自身的交流领域。该领域的语言是同一性和一致性的证明……是步调一致的攻击超越性批判观念的证明。"②即是说,单向度的语言表现出"操作主义"的特征,这种语言使得现象和实在、事实和动因、实体和属性之间的紧张逐渐隐没,语言必然表达和促进理性与事实、真理与被认定的真理、本质和实存、事物与它的功能之间的直接等同。马尔库塞首先揭示了"概念"否定性力量的消解。在马尔库塞看来,"概念"是指称某物的心理表象,人们把

---

① 马尔库塞:《单向度的人:发达工业社会意识形态研究》,刘继译,上海译文出版社,2008年,第49页。

② 马尔库塞:《单向度的人:发达工业社会意识形态研究》,刘继译,上海译文出版社,2008年,第69页。

它理解、领会并且认作一个反映过程的结果。在这个意义上说，概念的内容和意义既同于又不同于直接的真实对象。"概念"具有普遍性和抽象性的特征，而真实事物具有特殊性，特殊是对普遍的某种否定性限定。因此，特殊事物势必通过不断地否定运动，打破自己暂时存在的概念，向着自己的无限不断发展、运动。但是，马尔库塞认为语言出现了功能化①的趋势，阻碍了概念的发展，它反对抽象和中介，屈从直接的事实，拒绝认识事实背后的因素，并因而拒绝认识事实本身及其历史内容。"一体化、功能化的语言是一种坚决的反批判、反辩证法的语言。在这种语言中，操作的、行为的合理性吞没了理性的超越性、否定性和对立的要素。"②在马尔库塞看来，在发达工业文明极权主义制度控制下的社会，语言已成为一种控制手段。

第四，单向度的哲学。马克库塞眼中的"单向度的哲学"（或"单向度的思想"）本质特征在于其肯定性，也就是丧失了否定性的思想维度。马尔库塞认为"单向度的哲学"的根源起于亚里士多德的形式逻辑全面取代柏拉图的辩证逻辑、技术理性取代辩证理性的过程中。辩证逻辑强调辩证法，核心是自否定精神，事物存在的方式本质上是自否定的，即从其潜在状态到其具体、现实的辩证运动。"辩证法是现实世界中一切运动、一切

---

① 语言的功能化表示一种具有政治涵义的意义的省略。名词以一种专横的、极权主义的方式统治着句子，句子则变成为一个有待接受的陈述——它拒绝对其被编纂和断言的意义进行证明、限制和否定。

② 马尔库塞：《单向度的人：发达工业社会意识形态研究》，刘继译，上海译文出版社，2008年，第78页。

生命、一切事业的推动原则。"①而形式逻辑的基本特征是把逻辑判断当做思维的单纯工具或形式技巧，从而把形式与内容完全割裂开来。形式与内容相分离的形式逻辑本应该具有批判性，但这里的"形式"是缺乏内容的"形式"，是"中立性"的"形式"。即形式的中立导致其沉迷于现实而浑然不知，成为肯定既定现实的最好辩护，缺乏应有的超越性维度。"在形式逻辑的统治下，本质和现象相冲突的观念如果不是无意义的，就是可以消融掉的；物质内容是中立的，同一原则与矛盾原则相分离（矛盾是错误思考的结果），终极原因被从逻辑秩序中清除了出去。"②马克库塞强调，当代数理逻辑和符号逻辑与古典形式逻辑虽有不同，但他们在根本上都是反对辩证逻辑的，都是一种肯定性的思维逻辑。在马尔库塞看来，从否定性逻辑到肯定性逻辑，是技术合理性和统治的逻辑。"科学—技术的合理性和操纵一起被熔接成一种新型的社会控制形式。"③"政治意图已经渗透进处于不断进步中的技术，技术的逻各斯被转变成依然存在的奴役状态的逻各斯。技术的解放力量——使事物工具化——转而成为解放的桎梏，即使人也工具化。"④

---

① 黑格尔：《小逻辑》，贺麟译，商务印书馆，1980年，第177页。

② 马尔库塞：《单向度的人：发达工业社会意识形态研究》，刘继译，上海译文出版社，2008年，第110页。

③ 马尔库塞：《单向度的人：发达工业社会意识形态研究》，刘继译，上海译文出版社，2008年，第117页。

④ 马尔库塞：《单向度的人：发达工业社会意识形态研究》，刘继译，上海译文出版社，2008年，第127页。

三、"技术理性"意识形态是"单向度的人"的根源

正如马尔库塞《单向度的人：发达工业社会意识形态研究》一书的副标题——发达工业社会意识形态研究，科学技术在发达工业社会并非是价值中立的，而是具有明显的政治意向性，成为重要的意识形态手段。实际上，马尔库塞并不是单纯批判科学技术本身，科学技术日益进步所带来的生产力的发展、物质生活水平的提高是不可漠视的。但问题的关键是，科学技术在发达工业社会已发展成为一种"技术理性"，这种"技术理性"使得整个社会带有极权主义的色彩，对社会形成全面的控制，导致人的自由的全面丧失。"我们社会的突出之处是，在压倒一切的效率和日益提高的生活水准这双重的基础上，利用技术而不是恐怖去压服那些离心的社会力量。"①在"技术理性"的控制下，科技进步和物质财富的增长成为社会发展唯一的评判标准，人们的物质欲望不断被满足，人们陶醉在高度发达的物质享受中。但是，在这种控制下，人们的批判性、否定性、超越性思维不断丧失，人们自身的自由发展被彻底遗忘。

在马尔库塞看来，当代发达工业社会对人的控制是借助于压倒一切的生产效率和日益提高的生活水准来满足人们的各种

---

① 马尔库塞：《单向度的人：发达工业社会意识形态研究》，刘继译，上海译文出版社，2008 年，第 2 页。

虚假的需求而达到的。"当一个社会按照它自己的组织方式,似乎越来越能满足个人的需要时,独立思考、意志自由和政治反对权的基本的批判功能就逐渐被剥夺。"①在科学技术极大促进生产力发展的情况下,人们表象上趋向于"平等""自由",因为人们可以平等、自由地享受各种商品,社会整体实现所谓的"阶级差别平等化"。因为,工人和他的雇主可以享受同样的电视节目,游览同样的旅游胜地,拥有同样的高级轿车,阅读同样的报纸新闻。但这种物质生活层面的相似并不真正意味着阶级差别的消失,反而会隐藏对人的控制和奴役。与此同时,发达工业社会把"虚假需求"转化成个人需求,把社会需要移植成个人需要,进而把人培养成商品的奴隶,商品出现了异化。更为深刻的是,科学技术控制下的人们已经完全将这种"虚假需求"内化到内心深处,不仅不会抵制,甚至会自觉接受,人们的意志和行为完全融入到既定的制度中。因为,个人也认为,如果不顺从社会的控制,将会增加更多无谓的分歧,不利于生产效率的提高和社会的进步。最终的结果是,个人和他所存在的社会达到了显著的一致化。

综上所述,"技术理性"成为统治人意识形态的工具,使人成为丧失自由的"单向度的人"。一方面,"技术理性"不断抬高科学技术的正向功能,将全部社会力量服务于科学技术的发展,从而构成了人统治自然、人统治人的基础。在此情况下,人的发

---

① 马尔库塞:《单向度的人:发达工业社会意识形态研究》,刘继译,上海译文出版社,2008年,第4页。

展必然要服从于科学技术的发展,人必然服务于社会发展的总目标。另一方面,"技术理性"代替传统的意识形态统治,成为为社会统治合理性和科学技术合理性辩护的新的意识形态统治工具。"技术理性"这一新的意识形态统治工具必然要维护现存制度和政治统治的合理性,从而必然抑制人们心中的反抗情绪,排除存在于个人心中的个性、特殊性和超越性。在这种情况下,人们追求自由发展、自由解放的理想被逐渐磨灭、能力被逐渐削弱,人们成为丧失否定性和批判性的肯定性和非批判性存在。在马尔库塞这里,"技术理性"就是一种思维方式或思维逻辑,一种理解世界和处理理论知识的方式,说到底,是一种肯定性的思维方式。但需要强调的是,马尔库塞虽然激烈批判"技术理性",但他并不反理性。马尔库塞始终认为,人是理性的存在物,人的理性能够认识人的潜力和人所在的这个世界的潜能。即理性本身是批判性的,但"技术理性"把这种批判性降低至肯定性。

四、超越"单向度的人"的乌托邦设想

关于发达工业社会的"单面性"能否被超越的问题,马尔库塞在《单向度的人:发达工业社会意识形态研究》一书中并没有明确论述,但在《单向度的人:发达工业社会意识形态研究》之前的《爱欲与文明》一书和之后的《革命与造反》一书中都有详尽描述。超越发达工业社会的"单面性",马尔库塞的价值旨归

是建立"非压抑性"的生存方式,这一设想的来源是弗洛伊德的"压抑性"心理机制理论。弗洛伊德主要是通过匮乏和额外压抑来解说以现实原则、理性原则和操作原则为核心的压抑性心理机制的形成原因,[①]并且断言,文明起源于压抑。马尔库塞接受了弗洛伊德这一观点,认为,正是由于异化现象的普遍化和统治力量或统治形式的非人格化,现代人的心理机制的确具有压抑性的本质特征。但在能否建立"非压抑性"的生存方式这一观点上,马尔库塞和弗洛伊德二人却有分歧。弗洛伊德认为,压抑是文明的起源,无论在什么意义上,人类都不可能彻底被解放,非压抑的生存方式是不可能的。相反,马尔库塞则认为,压抑是由外部因素造成的,所以非压抑性的生存方式是可以设想的。马尔库塞"非压抑性"生存方式的建立是通过他的"爱欲解放论""艺术革命论""自然革命论"等新的革命理论展开的。

一是爱欲解放论。马尔库塞认为,人的解放就是爱欲的解放,爱欲解放的核心是劳动的解放。在人的所有爱欲活动中,劳动是最基本的爱欲活动,真正有意义的劳动是人的器官的自由消遣。人只有在劳动中才能发泄自己的原始本能,人的本质才能得到实现。并且,人们在劳动中会建立各种各样的社会关系,从而解放劳动也就是对其他社会活动的解放。由此,马尔库塞提出,将工作转化为消遣,将性欲升华为爱欲。可以看出,马克库塞把人的解放归结为爱欲的解放在根本上是错误的,他直接

①　衣俊卿等:《20世纪新马克思主义》,中央编译出版社,2012年,第269页。

忽略了经济、物质条件在人的解放中的地位，并且他将爱欲解放的核心理解为劳动解放的思想还不够彻底。

二是艺术革命论。马尔库塞反对传统马克思主义认为"文艺作品是客观现实的反映"的观点，因为，他认为这一观点把艺术单纯看作是对现实的照相似的复制，否定了文艺作品与现实之间存在巨大差距的事实，抹杀了文艺创作主体的主观能动性。马尔库塞认为艺术具有天然的革命性，这是因为艺术具有美学的形式，即是说，它能超越现实；艺术与新的现实原则联系在一起，是对既定现实原则的否定；艺术所使用的是造反语言，具有抗议和拒绝的意义；艺术维持着现存世界的异化，始终暗含革命的趋势。[①] 关于怎样具体进行艺术革命，马尔库塞提出，要维护和坚持艺术的美学形式，正确对待"传统文艺"，将艺术所具有的解放潜力引入现实中去，培养新的感受力，使艺术劳动成为一种消遣。马尔库塞的艺术革命论在根本上颠倒了艺术与现实的关系，孤立的阐述艺术革命的途径，必然走向极端。

三是自然革命论。在马尔库塞看来，马克思在《1844年经济学哲学手稿》中就已经把人的解放与自然的解放紧密联系在了一起，自然的解放是人的解放的手段。因为，自然的解放可以使它成为人享乐的工具，可以推动社会的变革，可以促使人与自然建立一种新型的关系，可以培养人的新的感受力。关于"自然革命"的具体路径，马尔库塞提出，一是消灭"过度消费""异化

① 参见陈学明：《西方马克思主义教程》，高等教育出版社，2001年，第163-165页。

消费"，二是改变科学技术发展方向，三是缩小生产规模，四是维护生态平衡，五是控制人口增长，六是反对军备竞赛。马尔库塞关于"自然革命"的设想在根本上也是错误的，最主要原因是他把生态危机或者自然危机看得高于一起，用自然危机取代了反映根本性矛盾的经济危机，用人与自然的矛盾取代了阶级矛盾。

　　综上所述，马尔库塞新的革命理论完全偏离了马克思的革命理论。在革命动因方面，马尔库塞认为原来意义上的无产阶级消失了，阶级的对抗不再是革命的动因，人的爱欲遭受压抑成了新的革命动因。在革命主体方面，马尔库塞认为无产阶级不再能充当革命主体，新的革命主体应是青年知识分子。在革命道路方面，马尔库塞反对暴力革命，主张"总体革命"，非暴力的反抗，即"大拒绝"。可以看出，马尔库塞新的革命理论完全忽视了没有实质性改变的资本主义制度的本质和两大阶级的阶级矛盾，完全抛弃了生产力和经济基础的决定性作用。这也就意味着，他的"非压抑性"生存方式的构建只能是乌托邦式的设想。

　　马尔库塞"单向度的人"思想是对发达工业社会人的生存危机的洞察，也是对现代化问题的深入思考。虽然马尔库塞对超越"单向度的人"的路径设想带有空想性，但其对生活在单向度社会中的单向度人逐渐失去否定性、批判性和超越性的判断，以及其对"技术理性"的深刻揭露，都具有十分重要的启发意义。习近平总书记在庆祝中国共产党成立100周年大会上提到："我们坚持和发展中国特色社会主义，推动物质文明、政治文明、精神文明、社会文明、生态文明协调发展,创造了中国式现代化新道路,创造了人类文明新形态。"①从人的形态来看,社会主义现代化的文明新形态必然是人的全面发展的文明新形态。社会主义现代化建设过程中,同样需要注意和防范"单向度的人"现象的出现。实现人的全面发展,需要处理好人与科学技术的关系。科学技术作为第一生产力,在根本上应是促进人的全面发展的,这就要防止科技异化的出现,发挥人在科学技术发展过程中的主体作用,确保科学技术始终为人服务。实现人的全面发展还需要处理好人的发展与社会的发展之间的关系。应当明确,人的全面发展是社会发展的最终评价准则,要关注人的真实需求,注重人的个性发展,促进人的内在提升。要实现人的全面发展还需要处理好人与自然的关系。人是自然的一部分,人的全面发展必然要尊重自然、顺应自然、保护自然,必须在遵循绿色、循环、可持续的发展中实现人与自然的和谐共生。

---

① 习近平:《在庆祝中国共产党成立 100 周年大会上的讲话》,《人民日报》,2021 年 7 月 2 日。

第四章 话语权与意识形态
——意识形态工作话语权建构: 基于福柯权力话语理论的启示

　　新中国已经历了七十多年风雨、昂首迈进新时代,取得诸多重大历史成就、日益走近世界舞台中央的伟大国度。七十多年来,我们在不断抓住战略机遇期取得辉煌成就的同时,也经常面临来自各方面的严峻挑战,其中来自意识形态领域的挑战无疑是众多挑战中较为突出的一方面。因此,努力探索应对来自意识形态领域挑战的办法和加强党对意识形态工作领导权的路径、方法是哲学社会科学工作者始终坚持的使命和责任。福柯的权力话语理论运用知识考古学和权力谱系学的研究方法通过对知识、权力以及主体在社会历史中的发展演变说明了权力与话语之间的关系,启发我们意识形态工作领导权建设的关键性工作是意识形态话语权的建构。

一、福柯权力话语理论的主要内容

福柯是近代西方一位大哲学家,他自认为是尼采的继承者,虽然在很多研究内容上与尼采并不一致,甚至有相对立的地方,但从整体上看福柯是在继承了尼采研究方法并在其研究基础上继续进行的。福柯最大的哲学成就就是发现了权力与话语的关系,提出了"话语即权力"的命题。福柯关于权力与话语的研究是通过权力与知识、权力与规训以及主体的自我救赎等方面展开论述的。

(一)权力与知识

福柯关于知识的论述主要体现在其《词与物》这本专著中。他运用知识考古学的方法对知识在不同历史阶段的变迁进行考察,分析不同知识领域的话语,寻找该类知识何以出现、以何种结构出现、何以发展。具体来说,这种考古学方法的研究对象是知识的主体、知识的对象以及各种概念建构起来的规则体系,福柯称这种规则体系为"知识型"。正是对于"知识型"的考察研究,福柯区分了知识的三种历史阶段:文艺复兴、古典时代(17与18世纪)和现代阶段(19世纪)①。在对"知识型"的不断研究中,福柯发现:任何一种思想的出现都会受到一种隐藏的规则

---

① 本章原文发表于《天水行政学院学报》2019 年第 6 期。弗雷德里克·格霍:《福柯考》,华东师范大学出版社,2017 年,第 39 页。

系统的约束，也就是说思想一旦出现，就会服从这种隐藏的规则，最终表现出反映这一规则体系的特点，福柯称这种隐藏的体系为"匿名的话语规则"。这种"匿名的话语规则"实际上就是权力的象征。在《词与物》最后一章中，福柯用"人之死"一词预言了知识的发展：知识是由人创造出来的，本应该反映人的主观性，但是现实中知识却被这种"匿名的话语规则"所控制，不是人决定知识，而是知识决定人。从这种意义上来看，"人之死"的预测是有道理的。

（二）权力与规训

福柯在《规训与惩罚》一书中追溯了社会惩罚方式的演变过程，公开残酷的统治逐渐变化为一种隐藏的、心理的统治，即一种规训。福柯认为，规训的对象已经不是在单纯的人身上，而是整个社会，包括知识。规训的出现是司法体系话语规则变化的结果，或者是一种新的话语模式的建立，但实际上是一种权力运行方式的改变。"一种新的惩罚方式的建立，需要建立一套能够永远服从权力的规则，正如旧的公开处决最重要的意义是君主权力的报复，新的规则依然需要维持一个中心原则，这个原则就是对权力的绝对服从。"①福柯在《规训与惩罚》中通过阐述边沁设计的全景敞视建筑来说明一种全景敞视主义的出现。全景敞视建筑能够"在被囚禁者身上造成一种有意识的和持续性的

---

① 福柯：《福柯说权力与话语》，华中科技大学出版社，2017年，第106页。

可见状态,从而确保权力自动地发挥作用。"①全景敞视主义的出现也就意味着规训的普遍化,更意味着权力的普遍化,各种纪律、学校、医院……都体现着规训。在福柯看来,人文科学也逃脱不了被规训的命运,我们学到的知识也是被规训之后的。

(三)主体的自我救赎

福柯权力话语中的主体指的是社会中每个人的"主体性",福柯的研究表明,仿佛整个社会都是一个"全景敞视的监狱",每个人都受到权力决定的知识、话语、理性、真理的影响,人的个体主体性得不到发挥。对于这一点,福柯给予了一种解决的办法,即主体的自我救赎。这种救赎的方式就是"生存美学"的生成,说到底就是一种"自我关怀"。"就是把审美创造当成人生的首要内容,以关怀自身为核心,将自己的生活当成一部艺术品,通过思想、情感、生活风格、语言表达和运用的艺术化,使生存变成一种不断逾越、创造和充满快感的审美享受过程。"②这种主体自我救赎的方式实际上是人们处理个人与他人、个人与社会以及个人与个人的关系的方法,是一种心理上的自我慰藉。

福柯的权力话语理论即既是对这种现实的"权力—话语""权力—知识"体系的反应,同时也是一种批判,现实的社会摆

---

① 福柯:《福柯说权力与话语》,华中科技大学出版社,2017年,第125页。

② 高宣扬:《福柯的生存美学》,中国人民大学出版社,2005年,第344页。

脱不了这种权力话语的关系，"不存在绝对客观的知识，知识的生产、传播和消费始终与权力纠葛在一起"①。福柯主张最终追求的还是个人的主体性。但需要注意的是，福柯权力话语理论是基于西方资产阶级国家的考察，所说的权力也是资产阶级的权力体系，本质上是为了资产阶级的利益，而社会主义中国的权力体系是代表最广大人民的根本利益。

二、意识形态话语权建构是意识形态工作领导权建设的关键

从意识形态工作领导权建设的实际来看，意识形态话语权始终发挥主要作用。因此意识形态话语权是意识形态工作领导权建设的关键内容。这一结论体现在"话语是马克思主义意识形态的表现形式""话语是马克思主义意识形态的传播方式""话语是马克思主义意识形态的斗争武器"三个方面。

（一）话语是马克思主义意识形态的表现形式

话语首先是意识形态的表现形式，从而是马克思主义意识形态的表现形式。意识形态作为一个哲学概念最早出现时即作为观念学的存在，最通俗来讲，意识形态是价值观念的集合，是观念的上层建筑，这种价值观念的集合是以一种哲学话语体系

---

① 段忠桥编：《当代国外社会思潮》，中国人民大学出版社，2010年，第121页。

表现出来的。马克思主义是被实践证明的,关于无产阶级推翻资产阶级,最终获得人类解放实现共产主义的科学,这一科学是由哲学、政治经济学、科学社会主义组成的理论体系,这一理论体系涵盖了马克思主义的立场、观点和方法。所以,马克思主义首先也是通过理论体系、理论话语的形式表现出来的。由此,建设意识形态工作领导权的首要任务是掌握意识形态的话语权。

(二)话语是马克思主义意识形态的传播方式

马克思主义在我国始终作为指导地位的主流意识形态传播发展。一方面,马克思主义作为我们的指导思想,一直在不断被学习、研究、传播,马克思主义的中国化、时代化、大众化进程也从未停歇。另一方面,在学科门类上,马克思主义理论学科是法学门类下的一级学科,在一级学科之下还有相应的二级学科,同时马克思主义理论也是哲学社会科学领域中最重要的学科之一。作为指导思想,马克思主义的传播方式是会议、文件、政策、法律、讲话、新闻等,作为学科,马克思主义的传播方式是著作、教材、课堂、论坛等,这一系列最根本的都是以一种话语的方式进行传播。由此,话语是马克思主义意识形态的传播方式,从而,意识形态工作领导权的建设从根本上说是意识形态话语权的建设。

(三)话语是马克思主义意识形态的斗争武器

意识形态领域的斗争早已不是隐性的,各种反对势力的反对行动几乎全部都是从意识形态领域入手,并在意识形态话语上挑战我们的话语权。"批判的武器当然不能代替武器的批判,物质力量只能用物质力量来摧毁;但是理论一经掌握群众,也会变成物质力量。"①面对意识形态话语权的挑战,马克思主义的"话语"自然也就成为我们在意识形态领域斗争的有力武器。马克思主义的话语是科学的、代表无产阶级和全人类的、是实践的,同时也是不断发展和开放的,它是意识形态领域斗争的有力武器。由此,意识形态话语权在意识形态工作领导权的建设中具有极其重要的地位。

三、意识形态话语权的建构路径

意识形态话语权的建构是一个长期、复杂的工作,同时又是一个曲折前进的过程,可以有多种角度、多个层面。受福柯权力话语理论启发,我们从知识维度、权力维度和人民维度三个维度去探索和研究。

(一)知识维度:建立健全马克思主义理论学科

意识形态的话语权建设需要有一个庞大的知识理论系统去支撑,这一系统就是马克思主义,继承和发展马克思主义必须建立健全马克思主义理论学科。建立健全马克思主义理论学科就

---

① 中共中央马克思恩格斯列宁斯大林著作编译局编译:《马克思恩格斯文集》(第一卷),人民出版社,2009年,第11页。

需要高等院校、党校（行政学院）、部队院校、科研院所以及党政部门研究机构这五路"大军"共同发力，在学科体系和职能发挥两个方面深入探索。

1. 完善学科体系建设

马克思主义理论的学科体系建设是一个庞大的系统，包含课程体系、教材体系、培养体系、人才体系和学术体系等几个方面。

马克思主义理论学科的课程体系不仅要注重马克思主义理论专业的核心课程建设，还要涉及历史学、政治学、经济学、社会学、新闻学等相关学科的主干课程，学习者在完成课程体系的全部课程后不仅能熟练掌握马克思主义理论的专业知识，还能了解相关学科的基础知识，既要专业又要全面。同时还要注意实践课程的建设，理论只有运用到实践中才能展现其力量，实践课程是提升学习者理论联系实际能力的重要途径。课程确定后课程的开课计划也需慎重，应符合知识的连续性和难易程度的合理搭配。

马克思主义理论学科的教材体系是理论的重要载体。首先教材的选择要切合所开课程，应大致包含所开课程的最基础知识，能帮助学习者学习课程；其次，教材的选择要具有权威性，要保证是该方向领域内专家学者公认的最权威的观点和内容；再次，教材的选择还应契合学习者的自身条件，充分考虑到学习者的学业背景、理解能力、学习能力等各方面；最后，根据现实情况编写的讲义、学案等更加具有针对性，是学科体系建设中不容忽视的一部分。

马克思主义理论学科的培养体系不仅要关注"培养什么人,为谁培养人,怎么培养人"的问题,更重要的是注重培养学习者"真学、真懂、真信、真用"马克思主义的品质,注重培养学习者"干社会主义事业"的热情。培养体系要围绕着"政治信仰坚定、理论功底扎实、专业技能突出、实践能力过硬"的标准,力争把每一位马克思主义理论的学习者培养成"格物诚正修身齐家报国"的人才,培养成具有"为天地立心,为生民立命,为往圣继绝学,为万世开太平"精神的人才。

马克思主义理论学科的人才体系建设对于建立健全马克思主义理论学科具有重要意义。人才体系建设最重要的是人才素质的培养,这其中包含道德素质、政治素质、思想素质、知识素质、思维素质、创新素质、身体素质、心理素质等。其次重要的是人才专业方向背景、学历层次、年龄组成等结构的合理化设置。除此之外,人才的发展对于人才体系的建设具有推动作用,要为人才的发展提供广阔的舞台,要创建激励人才发展的体制机制,促使人才发展出成效。

马克思主义理论学科的学术体系建设是关乎马克思主义理论学科发展的重要方面。学术体系的建设要注重继承性、民族性、原创性、时代性、系统性和专业性,要始终同社会的发展、人民群众的需求紧密联系在一起,也就是要有问题导向和人民立场。学术体系中的学术方向、学术选题、学术规范、学术奖励等各方面都要有良好的举措办法,保证马克思主义理论学科的学术水平和学术成果不断提升。当前学术体系建设可以考虑跨学科、跨领域的合作和研究,充分挖掘马克思主义的现实价值。

2. 发挥学科职能作用

马克思主义理论学科职能的发挥是建立健全马克思主义理论学科的必要部分,从事马克思主义理论学科的五路"大军"应当发挥好马克思主义理论学科的教育、宣传、研究、创新和斗争职能,在实践中建设马克思主义意识形态话语权。

一是教育职能。党政领导干部、部队官兵、青年学子是必须进行马克思主义理论教育最广大的群体。这关系到党的建设这一伟大工程,关系到军队建设这一重要工作,关系到"培养什么人,为谁培养人以及怎样培养人"的教育根本问题,关系到意识形态领域的斗争。马克思主义理论学科的五路大军需要完全承担起这一教育工作,确保教育的质量和成效。二是宣传职能。做好马克思主义理论的宣传思想工作是意识形态领域斗争的关键一招,也是实现马克思主义时代化、大众化的重要途径。三是研究职能。马克思主义诞生已有200多年的历史,传入中国有100多年的历史,马克思主义又是一个庞大的理论系统,所以马克思主义的研究工作仍然不能停止,应继续从马克思主义中探索和挖掘指导中国发展实践的理论和思想。四是创新职能。马克思主义的中国化、时代化和大众化过程就是马克思主义的创新过程,马克思主义理论学科应当始终发挥好这项职能,只有最符合时代和人民的理论才能牢牢把握住意识形态的话语权。五是斗争职能。马克思主义理论学科最特殊的职能就是意识形态领域的斗争职能,而这一职能的发挥恰恰是从建立马克思主义的话语体系入手的,这对建设马克思主义意识形态的话语权具有至关重要的意义。

(二)权力维度:充分发挥党政机关的重要作用

牢牢掌握意识形态话语权最根本还是要上升到国家层面,从领导机制、国家政策、国家法律强制力等方面着手。

1.领导机制

坚持党对意识形态工作的领导权首先就要加强党对意识形态话语权的把握,构建党的意识形态话语权领导机制,这是当前以及今后一项极其重要的工作。要构建党对意识形态话语权领导的导向机制,在举什么旗、走什么路方面进行正确的教育和引导;要构建党对意识形态话语权领导的民生机制,关键在于聚民心,发挥好舆论导向作用;要构建党对意识形态话语权领导的人才培养机制,培养能担负中华民族伟大复兴大业的时代新人;要构建党对意识形态话语权领导的文化机制,传承中华优秀传统文化、革命文化,发展中国特色社会主义先进文化,建设社会主义文化强国。

2.国家政策

国家政策的制定代表了国家发展的选择和发展的方向,马克思主义指导思想的确立就代表国家在大政方针上已经牢牢掌握住了意识形态的话语权,但是面对意识形态领域的各种挑战,还需要在政策体系上体现出对话语权的掌握。例如,国家舆论与公共政策关于意识形态方面要有明确的规定和解决办法;文化教育政策中要突出倾斜马克思主义理论相关学科,支持其发展;宗教与民族政策中对于各宗教和各民族的发展要有科学的处理方法,既要鼓励、帮助其发展,又要在原则问题上进行明确规定。

3. 国家法律强制力

意识形态话语权的建设需要有国家法律和强制力的支撑,这不仅是意识形态话语权建设的重要保障,同时也是意识形态领域斗争的关键策略。立法机关应该制定明确的法律法规,打击一切历史虚无主义、新自由主义、民主社会主义、"普世价值论"、宪政民主、"新闻自由"、公民社会以及儒化思潮、公共知识分子思潮等一系列错误言论和思潮,维护马克思主义在意识形态领域的指导地位。

(三)人民层面:深入推进马克思主义大众化

意识形态话语权建设最终要实现的是人民群众的普遍接受和情感认同。根本上是一个"为什么人"的问题。而解决这一问题实际上也就是要做到不断深入推进马克思主义大众化,要让更多的人民群众了解马克思主义是什么,马克思主义能给我们带来什么,并且能够在生活中运用马克思主义。

1. 紧密贴近人民大众,用马克思主义解决实际问题

马克思主义刚刚传入中国时也一度引起各地人民群众的热烈反响,人民大众并不知道马克思主义是什么,为什么选择马克

思主义,但却知道马克思主义能让老百姓过上好日子。对于人民大众来说,能指导实践、解决实际问题的理论才是人民群众需要的,也才能得到人民群众的接受和支持。因此,马克思主义在当今时代仍然需要发挥其理论的实践性,紧紧贴近人民大众的现实生活,解决他们在生活、实践中的问题和难处,从而在人民大众心中建立指导地位。

2. 理论宣传采用人民群众喜闻乐见的方式

马克思主义对于没有相关知识背景的大众来说理解和应用有一定的难度,采用人民群众喜闻乐见的方式会让晦涩的语言变得简单,会使枯燥的理论变得生动形象,更容易让人民大众理解和接受。党的十八大以来,电视、网络等新媒体平台播出了大量理论学习类节目,例如"马克思是对的""理响新时代""新时代学习大会""社会主义有点'潮'"等,这些节目都达到了很好的效果,这对于马克思主义的大众化进程具有重要意义,也是今后马克思主义大众化的一条有效路径。

在和平年代,国家安全更侧重意识形态领域的安全,掌握意识形态工作的领导权也就越发重要,推进意识形态工作领导权建设的关键是意识形态话语权建设。福柯权力话语理论在知识维度、权力维度和人民维度启发我们了解意识形态话语权建设的路径,这三个层面可以作为今后意识形态工作的重要思路,在意识形态话语权建设乃至意识形态领导权建设方面取得良好成效。

第五章　高校思政课与意识形态
——高校思政课立德树人和意识形态双重功能的融合发挥

　　高校思想政治理论课(以下简称"高校思政课")关系到国家"培养什么人、怎样培养人、为谁培养人"的根本问题,关乎中华民族的千秋伟业。所以,党和国家始终高度重视高校思政课建设。特别是党的十八大以来,以习近平同志为核心的党中央更是把高校思政课提高到了一个重要位置,亲自主持召开了学校思政课教师座谈会,发表了重要讲话。相关部门也出台了相应政策、文件,制定了课程建设的标准,为思政课的建设和发展指明了方向。高校思政课的建设和改革在党和国家的高度重视下,在全体思政课教师的实践努力下,取得长足进步,获得突出成绩,有了很大改观,见了很多实效。但当前高校思政课建设面临一个突出的现实问题就是国家、学校高度重视,教师努力创新与大学生轻视、忽视之间的矛盾,高校思政课最终目标的实现仍需较长时间的艰难探索。这其中一个亟须关注和解决的关键问题就是高校思政课立德树人和意识形态双重功能的融合发挥,这两大功能如果实现融合发挥,高校思政课面临的困境将会迎刃而解。

一、高校思政课的双重功能:立德树人和意识形态

2004 年中共中央、国务院颁布了《关于进一步加强和改进大学生思想政治教育的意见》(以下简称《意见》),《意见》明确指出,高等学校思政课是大学生思想政治教育的主渠道。2019年 3 月 18 日,习近平总书记在学校思政课教师座谈会上的讲话中强调,思政课是落实立德树人根本任务的关键课程。作为大学生思想政治教育主渠道和落实立德树人根本任务关键课程的高校思政课,其功能是双重的,既有一般意义上的、最基本的立德树人功能,也有特殊意义上的、本质的意识形态功能。

(一)立德树人功能

"教育的本质就是培养人、塑造人格的一项实践活动,思想政治理论课教学也概莫能外。"①高校思政课作为高等教育众多课程中的一类,其具有教育的普遍性功能,即培养人、塑造人。并且高校思政课教学的主体内容——马克思主义及其中国化的理论、中国近现代史基本问题、思想道德与法律基本问题等蕴含

---

① 张百顺、齐新林:《思想政治理论课教学与人格教育和谐发展》,华中科技大学出版社,2019 年,第 1 页。

的精神、品质、方法,与当代大学生的道德品质养成、精神成长需求、社会化的完善具有内在的契合关系,足见其高校思政课具有显著的立德树人功能。

首先,高校思政课帮助大学生树立正确的世界观、人生观和价值观。三观的正确树立对于大学生的成长成才、人生发展具有至关重要的作用。马克思主义基本原理中辩证唯物主义的物质观、实践观、真理观、唯物辩证法以及历史唯物主义中社会历史发展的基本规律对当代大学生科学地认识世界、认识社会,做出正确的价值判断具有指引作用。中国近现代史体现了中华民族不屈不挠、团结一致、艰苦奋斗、勇往直前的精神,这些精神对于大学生选择具有深远社会意义的人生道路并坚守之,具有重要激励作用。其次,高校思政课有助于大学生形成道德素养和品质修养。思政课中的思想品德教育、爱国主义教育、理想信念教育、社会主义法治教育等,对大学生树立牢固的社会主义荣辱观,树立高尚的理想情操,养成良好的道德品质发挥引导作用。最后,高校思政课有助于大学生社会化人格的逐渐完善。高校思政课是大学生间接接触社会、了解社会的有效渠道,通过对国情、社会发展的认知,对世界经济与政治的了解,大学生可以提前适应市场经济迅速发展、社会急剧转型的现代化社会,还可以培养一种更加广阔的全球化视野。

(二)意识形态功能

马克思曾指出:"统治阶级的思想在每一时代都是占统治地

位的思想。这就是说,一个阶级是社会上占统治地位的物质力量,同时也是社会上占统治地位的精神力量。"①在我国,全社会都要坚持马克思主义在意识形态领域的指导地位,遵循社会主义的意识形态。高校大学生是社会主义意识形态培养的重点对象,所以新时代加强高校意识形态工作就显得格外重要。高校思政课关系着培养一代又一代拥护中国共产党领导和社会主义制度、立志为中国特色社会主义事业奋斗终身的有用人才,所以在高校中,思政课不仅是大学生思想政治教育的主渠道,同时也成为意识形态工作的前沿阵地,发挥着不可替代的意识形态功能。

高校思政课是在大学生中宣传习近平新时代中国特色社会主义思想的前沿阵地,是引导大学生坚定"四个自信"的前沿阵地,是厚植大学生爱国主义情怀的前沿阵地。高校思政课所包含的各门课程都有其特殊的意识形态功能。习近平新时代中国特色社会主义思想概论课程在于引导大学生认真读原著、学原文、悟原理,深刻认识这一思想的时代意义、理论意义、实践意义和世界意义,深刻理解这一思想的核心要义、精神实质、丰富内涵、实践要求,深刻把握贯穿这一思想的马克思主义立场观点方法,深刻掌握这一思想的理论逻辑、历史逻辑、实践逻辑,增进政治认同、思想认同、情感认同,切实做到学思用贯通、知信行统一,努力成为德智体美劳全面发展的社会主义建设者和接班人。

---

①　中共中央马克思恩格斯列宁斯大林著作编译局编译:《马克思恩格斯文集》(第一卷),人民出版社,2009年,第550页。

马克思主义基本原理课程的功能在于帮助大学生掌握马克思主义的世界观和方法论，从整体上理解马克思主义，认识人类社会发展的基本规律，在处理问题解决问题时能够善于运用马克思主义的立场、观点和方法，深切体会马克思主义为什么"行"。毛泽东思想和中国特色社会主义理论体系概论课程的功能在于帮助大学生了解中国共产党人把马克思主义基本原理同中国具体实际相结合的历史进程，学习马克思主义中国化的理论成果，弄懂中国特色社会主义为什么"好"，坚定在中国共产党的领导下走中国特色社会主义道路的决心和信心。中国近现代史纲要课程的功能在于使大学生了解中华民族近代以来抵御外来侵略、争取民族独立、推翻反动统治、实现人民解放的历史，帮助大学生深刻领会历史和人民怎样选择了马克思主义，选择了中国共产党，选择了社会主义道路。在对历史的学习中感悟中国共产党为什么"能"。思想道德与法治课程在于培育大学生的理想信念、爱国主义精神，牢固树立社会主义核心价值观，敬畏宪法法律，做一个合格公民。形势与政策课程在于帮助大学生正确认识国内外的时事政治，认清国内外形势，教育和引导学生全面准确地理解党的路线、方针和政策。概括起来，高校思政课的意识形态功能就是激发大学生的爱国情、强国志，引导大学生自觉把自己的青春奉献在中国特色社会主义的事业的报国行中，奉献在实现中华民族伟大复兴的伟大征程之中。

二、双重功能之间的关系:互相实现、有机统一

高校思政课双重功能的发挥在课程目标的实现和大学生成长成才中都具有不可代替的作用,但是双重功能有效发挥的前提是厘清二者之间的关系。高校思政课立德树人功能和意识形态功能是相互联系、相互促进的。只有把意识形态功能的发挥贯穿于立德树人功能的全过程中,意识形态功能才能得到有效实现。只有把立德树人功能的发挥最终导向意识形态功能的发挥上去,立德树人功能才可以实现应达到的目标。二者互为前提,有机统一,即高校思政课的双重功能应当是共同发挥作用。

(一)意识形态功能的发挥以立德树人功能的发挥为前提

意识形态功能得到有效发挥的表现是马克思主义的基本原理、党的路线、方针、政策等理论、思想进入大学生的头脑,激发大学生承担社会责任,勇担历史使命,接力实现中华民族伟大复兴的中国梦。马克思主义的科学理论,中国特色社会主义的相关理论等理论、思想是宏观的,具有极其严密的逻辑性、规律性、思想性,是关于社会主义的历史命运、人类社会的发展规律、中国国家发展、社会发展的科学体系,而当代大学生正处于三观还未完全确立、思想还不成熟的青春期,直接接受这些宏大、复杂的理论存在一定难度。马克思曾指出:"理论在一个国家实现的

程度,总是取决于理论满足这个国家的需要的程度。"①这就告诉我们,当代大学生自觉接受这些理论的前提是让他们感受到自身的生存和发展有这些需要,而这正是高校思政课立德树人功能得到发挥后取得的成效。由此,高校思政课意识形态功能的发挥必须要以立德树人功能的发挥为前提。

(二)立德树人功能的发挥要以意识形态功能的 发挥为前提

高校思政课立德树人功能的发挥是为了落实教育的根本任务,最终达到育人的目标。立德树人最重要的是"成人"的问题,"成人"首先就要扣好人生第一粒扣子,其次是道德品质的修炼和养成,最后也是最重要的是怎样把个人的成长与国家的发展、民族的复兴紧密联系起来,也就是怎样成为一个拥护党的领导和社会主义制度,为中国特色社会主义事业奋斗终身的有用人才。这一问题解决不了将无法最终实现立德树人的功能、完成立德树人的根本任务。而解决这一问题的关键必须以高校意识形态功能的发挥为前提。

虽然高校思政课的双重功能互相实现、有机统一,彼此互为前提,但是仍需注意两点论与重点论的统一。也就是必须要清楚高校思政课的意识形态功能是本质的、特殊的功能,立德树人功能是普遍的、一般的功能,在思政课的建设和创新过程中要将

① 中共中央马克思恩格斯列宁斯大林著作编译局编译:《马克思恩格斯文集》(第一卷),人民出版社,2009年,第12页。

意识形态功能的发挥放在更为突出的位置上。对于高校思政课堂来说，意识形态功能相较于立德树人功能更为显性，但其实现起来也更为艰难。因此，如何通过发挥立德树人功能进一步加强意识形态功能，是思政课建设和创新的重点。

三、高校思政课双重功能发挥存在的问题

意识形态功能和立德树人功能的有效发挥是高校思政课实现意识形态目标和育人目标的基础，而高校思政课难以达到预期效果恰恰是因为意识形态功能和立德树人功能没有得到充分的发挥，或者是没有得到融合发挥。统观思政课双重功能的发挥，主要存在"高校思政课教师对思政课双重功能发挥的意识淡薄"和"大学生对思政课的重要性认识不充分"两个方面的问题。

（一）高校思政课教师对思政课双重功能发挥的
意识淡薄

思政课教师是高校思政课教学的主体，在高校思政课双重功能的发挥中起关键性作用，如果高校思政课教师对思政课双重功能的意识淡薄，就会使思政课双重功能无法发挥到理想状态，思政课的教学也难以实现预想目标。

一是高校思政课教师容易忽略思政课的立德树人功能。高校思政课所肩负的责任和使命相对于其他大学课程来说较为特殊，即其意识形态性格外突出，意识形态功能是高校思政课的显

性功能。而在实际教学过程中,高校思政课教师往往就更偏重教学内容的政治性、思想性和理论性,忽略其立德树人功能,从而忽视了教学内容的亲和力、吸引力和针对性。忽视大学生成长成才中的精神需求和学习生活中的现实问题,就会导致思政课难以入脑入心。大学生刚刚步入大学校园,心智不健全、性格不成熟、三观不完善,难以做出正确的价值判断与选择,因此亟须思政课教师的价值引导和精神辅助。这时高校思政课立德树人功能的发挥就显得更重要、更迫切。若高校思政课教师忽略这一功能的发挥,将影响到高校思政课教学目标的实现。

二是高校思政课教师对高校思政课意识形态功能的理解存在误区。尽管高校思政课表现出明显的意识形态性,但仍然有部分思政课老师对高校思政课意识形态功能的认识存在误区。一方面,部分教师认为高校思政课应该"去意识形态化"。这部分教师明显忽视了高校思政课是大学生思想政治教育的主渠道,忽视了高校思政课关系着"培养什么人,怎样培养人、为谁培养人"的问题。该部分思政课教师没有从根本上认识到思政课意识形态功能的本质,以致严重影响高校思政课教学目标的最终实现。另一方面,部分教师认为高校意识形态功能的发挥仅仅依靠理论、思想的灌输就可完成。大学生因知识储备不足、社会经历简单,在接受思想性、理论性强且政治性突出的抽象理论方面面临困难。因此,高校思政课意识形态功能的发挥对教师提出了非常高的要求。习近平总书记在学校思政课教师座谈会上提到的"八个统一"是高校思政课教师在课堂上发挥意识形态功能的重要标准,即思政课教学要坚持政治性与学理性相统一、坚持价值性与知识性相统一、坚持建设性和批判性相统一、坚持理论性和实践性相统一、坚持统一性和多样性相统一、坚持主导性和主体性相统一、坚持灌输性和启发性相统一和坚持显性教育和隐性教育相统一。

(二)大学生对思政课的重要性认识不充分

思政课已经实现了从小学到大学、高学历教育环节的全覆盖。中小学思政课由于面临升学考试的要求,所以学生不得不"重视"。高校思政课虽然有学分的要求,但考试内容和方式较简单,完成考核要求相对容易,导致大学生整体表现出对思政课的不重视。这一问题从根本上看是大学生主观上对思政课重要性认识不充分的结果。首先,部分大学生没有意识到主动接受主流意识形态教育的重要性。在全球化背景下,错误思潮泛滥,这些思潮可能会影响到大学生的价值选择和判断,一旦选择错误,将对整个人生发展产生恶劣的影响。其次,部分大学生还没有认识到高校思政课在个人三观树立、品德修养、思维方式等方面的重要作用。部分大学生对高校思政课盲目排斥、抵触的同时,也将许多有益于个人道德素质提升、思维能力训练的"营养"拒之门外,不利于"学以成人"。最后,部分大学生还未厘清个人的成长发展与国家、民族之间的关系。他们对读书学习最终的目的仍停留在个人就业、个人生活质量提升的层面,还没有上升到意识自觉。

四、高校思政课双重功能的融合发挥

高校思政课双重功能的融合发挥有利于推动高校思政课的改革创新，有助于不断增强高校思政课的思想性、理论性和亲和力、针对性。围绕实现这一目标，从教师和学生两个可操作的层面探讨高校思政课双重功能的融合。

（一）教师走近学生

"在思想政治理论课程建设中，对教学本身进行研究，是使教学散发出'魅力'的关键，是使教师能够真正理解和把握教学精神所在的根本。"[①]高校思政课双重功能的融合发挥需要高校思政课教师必须真正走近大学生、了解大学生，必须重新审视高校思政课的教学，包括教学理念、教学体系和教学目标。

1.教学理念的确立

高校思政课教师需要确立一整套普遍适用的教学理念，并且时刻以这些理念作为自己教学的准绳。一是确立研究型教学和开放型教学的理念。高校思政课教师要深入研究理论，在怎样把教材内容讲出学理性、价值性上下功夫；要不断探究教学方法，寻求一种既受大学生普遍喜欢又具有实效性的教学模式；要

———

① 张雷声：《思想政治理论课教学的境界》，中国人民大学出版社，2018年，第147页。

研究大学生的成长规律,全面了解其知识结构、心理发展、精神需求和生活需求。同时秉承开放型的教学理念,加强同其他思政课教师、专业课教师的交流,相互学习,相互借鉴,着重加强与学生的交流,倾听学生的声音,了解学生的所思所想。二是确立尊重学生和敬畏课堂的理念。高校思政课教师需要更重视自身的示范性作用,因此,高校思政课教师应保持家国情怀,坚定理想信念,并严于律己,做到言行一致,教师应踏踏实实做事。三是确立终身学习和终身备课的理念。鉴于马克思主义理论持续创新发展,且大学生的成长背景随时代不断变化,高校思政课教师必须紧跟理论和时代的前沿,深入了解新时代大学生的思维方式,做一名与时俱进的"新人"。

2. 教学体系的转化

高校思政课教学体系的转化过程也是高校思政课目标实现的过程,同时也是双重功能得到融合发挥的过程。在高校思政课教学的整个过程中,思政课教师需要实现从教材体系到话语体系的转化和从话语体系到认知、信仰体系的转化,这两次体系转化对高校思政课教师提出了相应的要求。

一是从教材体系到话语体系的转化。话语体系是体系转化的中间环节,承前启后,这一环节可以解决教材体系中理论性强的问题。从教材体系到话语体系的转化首先需要思政课教师认真研究教材,吃透教材,对教材的内容设置、逻辑结构、重难点分布等具有清晰准确的认识。其次,需要思政课教师在备课过程中,应根据大学生的实际情况,选择合适的史料与案例,以便对教材内容进行解读。在这里高校思政课教师要更多考虑大学生的认知和接受情况,尽量选择与教学内容有关同时又深受当代大学生关注与感兴趣的内容,同时这些内容与大学生的日常生活和精神需求相结合。以此确保大学生能将课堂内容内化于心、外化于行。再次,需要思政课教师在长期的教学实践过程中选择适当的语言风格,以拉近与学生之间距离,使得思政课更吸引力和亲和力。但是需要注意的是,从教材体系到话语体系的转化仍然要注意学术性和意识形态性的统一,避免出现"去意识形态化"。二是从话语体系到认知、信仰体系的转化。认知、信仰体系主要是指将教材内容和课堂内容内化为学生的认知和信仰,达到高校思政课的最终目的。在从话语体系到认知、信仰体系的转化过程中需要思政课教师首先建立起对教学内容的信仰,也就是习近平总书记所强调的"让有信仰的人讲信仰",因为思政课教师在课堂上对学生有较强的感染力和影响力,所以这一点在转化过程中是至关重要的。除此之外,高校思政课教师可以通过选择多样的教学形式、教学模式和教学方法帮助学生们提升认知、进行信仰体系的转化。

3. 教学目标的转换

高校思政课教学的最终目标与大学生思想政治教育的目标是一致的,也就是把大学生培养成德、智、体、美、劳全面发展,拥护党的领导和社会主义制度,为中国特色社会主义事业奋斗终身的有用人才。但是在高校思政课的实际教学中要把这一最终目标转换成大学生在每一门课中应提升的核心素养。"高校思政课教学从目标意义上说,实际上就是力求提高大学生的马克思主义信仰,使大学生达到学习中国特色社会主义理论'真学、真信、真用'的境界。"①在每一门思政课中大学生都能提升其相应的核心素养,核心素养丰富与积累并不断提升的过程也就是大学生成为有用人才的过程。例如,原理课中提升大学生的哲学素养、辩证思维素养,概论课中提升大学生的爱国主义素养、爱社会主义素养,纲要课中提升大学生的艰苦奋斗素养、努力拼搏素养,道德法治课中提升大学生的道德品质素养、理想信念素养、法律素养等。

(二)学生"走进"课堂

高校思政课改革创新能够取得实效,双重功能能够融合发挥,必须发挥大学生的主体性,大学生不仅要做思政课教学的客体,还要成为思政课建设和改革的创新者、参与者。这就需要在教学模式上进行创新和调整,打破传统单一的课堂教学模式,打破老师讲、学生听这种固化的授课方式,让大学生真正走进思政课堂。

1.采用问题导向、合作导学的授课方式

课题导向、合作导学的授课方式主要是为了提高大学生在思政课学习中的问题意识和参与意识。高校思政课教师根据每

---

① 董前程:《高校思想政治理论课教学模式改革研究》,中国社会科学出版社,2018年,第108页。

门教材章节设置不同的主题,将所教班级的大学生分成数量均衡的若干小组。教师首先利用部分时间串讲本章节的基础知识,之后以小组为单位根据教师提前设定的主题和所讲内容提出本小组感兴趣探讨的问题,课上或课后以小组为单位进行讨论、搜集资料、形成观点或结论。下一堂课上课时以小组为单位对本小组所选问题进行不同形式的汇报,不同观点可以在课堂上进行充分交流,最后教师进行点评,并给予大学生正确的价值引导。

2.组建大学生理论社团,倡导自我教育

大学生理论社团是高校思政课堂的延续。高等学校可以以马克思主义学院为平台,在全学校发起不同种类的理论社团,例如马克思主义理论经典读书会、习近平新时代中国特色社会主义思想学习会、中国特色社会主义宣讲团等。各理论社团除指导老师指导社团活动以外,其他社团运行完全由大学生自己负责。社团要定期开展具有社团特色的活动,开展活动前需将活动方案提交指导教师审批。学校相关部门应该为理论社团活动的开展和正常运行提供物质和政策方面的支撑,对于符合条件的理论社团可以成立团支部、党支部,在组织层面予以重视。同城市高校的大学生理论社团可以加强交流、相互学习,形成大学生城市学术共同体。

3.利用实践基地组织大学生实践教学

实践教学往往比理论教学所产生的效果更理想。学校应与地方博物馆、纪念馆、烈士陵园等爱国主义教育基地单位合作,

建设实践基地。每学期要根据课程安排组织大学生开展实践教学,让他们带着问题开展实践,带着感悟总结实践,让大学生通过亲身实践接受爱国主义教育、集体主义教育、社会主义教育、理想信念教育、法治教育等。

第六章　精神富有与意识形态
——精神富有的意识形态效应

　　党的二十大报告明确指出："物质富足、精神富有是社会主义现代化的根本要求。物质贫困不是社会主义，精神贫乏也不是社会主义。"①精神富有是人的精神领域——精神世界、精神家园、精神生活的建构状况、构筑水平、丰富程度的体现，表征人的精神领域在整体上达到丰富性、稳定性、包容性、超越性的境界。从内在构成要素来看，精神领域是由认知模式、情感方式、文化体验等有机组建起来的精神体系，其发展状态直接影响价值判断、精神凝聚、文化发展，彰显政治认同感和民族凝聚力，发挥重要的意识形态效应。精神富有，不仅意味着人的生存状态趋于完满，人的发展趋向全面，更意味着整个国家的观念定向、思想动向、文化路向有了深厚且正道的精神基础，国家的意识形态安全有了坚实且长久的精神保障，为建设具有强大凝聚力和引领力的社会主义意识形态积累了富足的精神动能。

----

　　①　习近平：《习近平著作选读》（第一卷），人民出版社，2023 年，第 19页。

一、认知领域:精神富有的鉴别判断效应

价值观念的复杂多元、价值判断的艰难抉择、价值规范的标准不一是社会现代化日益演变的客观现实,这给生活在其中的人们带来一种普遍的思维认知困境。人们精神生活的贫乏或富有直接关系到个人在纷乱庞杂的社会中如何做出真正有意义的鉴别判断以及个人的行为选择。正如马克斯·韦伯所说:"个人必须决定,对他来说,哪一个是上帝,哪一个是魔鬼。"[①]保证个人主观判断之正确与否的根本途径是丰富精神世界、实现精神富有。从人的思维认知领域来看,精神富有可以摆脱精神危机、克服消费异化、抵制错误思潮,起到正向引导与纠误的作用。

(一)精神富有摆脱精神危机

精神危机是现代性固有的困境之一,其在西方现代化和中国现代化过程中各有表现。但从发生学意义上看,二者精神危机的成因并不相同,对精神危机消解的路径与成效也大相径庭。西方式现代化过程中的精神危机源自启蒙理性主义的僭越与泛滥。启蒙理性主义是激发西方现代变革最主要的思想动力。在启蒙理性的时代,任何思想、信念,乃至法律和上帝,都要接受启蒙理性的审视和检验。就像康德所说:"只有经得起理性的自

[①]　马克斯·韦伯:《学术与政治》,钱永祥译,上海三联书店,2019年,第189页。

由、公开检查的东西,才能博得理性的尊敬。"①在启蒙理性主义的影响下,人们摆脱非理性的蒙昧,冲破神权思想的束缚,推动宗教秩序的解体,实现理性重塑,走向思想成熟。启蒙理性成了区分真理与蒙昧的决定性标准,成了衡量一切的准绳。但也正是如此,启蒙理性取代了神的位置,拥有了近似上帝的神圣地位。理性所赋予的绝对权力使其自身成为"万能"的工具。启蒙理性的滥用、工具理性对价值理性的僭越,扭曲了人们衡量一切的标准,在价值判断面前不知所措。与此同时,启蒙理性带来的对主体自由的追求、自我意识的回归渐渐演变成"个人主义",且愈演愈烈,个体逐渐自我中心、感觉至上,最终导致人们对生命根本意义的疑惑,对人生"终极关怀"的追问不解。个人主义的自由难逃精神虚无、人生毫无意义的代价。

不同的是,中国现代化过程中的精神危机是物质与精神不平衡发展的结果。人的存在和发展离不开物质和精神两个层面,人既要有富裕的物质生活,也要有富有的精神生活。在中国现代化过程中,由于发展阶段的特征和需求,对物质和精神的追求并不同步,是一条由不平衡到动态平衡的变迁之路。长期以来,中国现代化的发展比重一直是以物质创造为主,兼顾精神文明建设。产生的结果是,人们的物质生活不断丰富,精神生活较为贫乏或低迷,二者不相匹配。突出表现是,经济发展迅猛与精神力量不足的矛盾、物质资料充盈与精神世界空虚的矛盾。加

---

① 约翰·华特生:《康德哲学原著选读》,韦卓民译,华中师范大学出版社,2000年,第1页。

之市场经济迅速发展带来的一些负面效应,例如拜金主义、利己主义等,给人们精神生活带来一定负面影响。

正由于精神危机的成因不同,对其的消解,中西方也采取了不同的应对方式。西方采取的是纯粹理论批判或者心理说服、慰藉的方式。例如"尼采以'价值重估'为旗帜开启现代性批判"①,尼采提倡建立超人意志来完成个人超越的人生理想,试图诉诸人的内心生活领域,通过"精神革命"获得拯救之途。弗洛伊德以对精神结构中"无意识"的勘探建立其精神分析学说,倡导以"欲望解放"消解理性对欲望的压抑。萨特在《存在与虚无》中告诉人们,存在就是虚无,存在先于本质,先于本质而存在的人不被任何命运限定,人在根本上是"自由"的。以上思想都企图克服西方人精神危机的困境,但对精神危机的消解只是一种理论说服或心理疏导,这些解决方案即便产生作用也只是短暂的,危机并不能从根本上得到解决。

中国式现代化强调物质文明与精神文明相协调,不仅要厚植现代化的物质基础,还要促进人的精神富有,实现人的全面发展。精神富有是彻底克服精神危机的根本解决方案。这一解决方案的彻底性体现在,一方面诉诸物质与精神的辩证关系,摧毁精神危机的存在性基础,以物质富足的前提实现精神富有。"物质生活的生产方式制约着整个社会生活、政治生活和精神生活

---

① 符海平:《启蒙理性与现代性道德危机的批判性重构——基于马克思和尼采反思现代性模式的考察》,《教学与研究》,2021 年第 12 期。

的过程。"①只有达到人民幸福生活的物质条件,人的精神愉悦、自我实现,人的理想生存状态才有实现的可能。另一方面,以文化资源和文明成果丰富人民精神世界,以理想培育和信仰教育增强人民精神力量,从根本上解决精神迷惘、精神落后和精神贫乏。正如习近平总书记强调:"我国现代化坚持社会主义核心价值观,加强理想信念教育,弘扬中华优秀传统文化,增强人民精神力量,促进物的全面丰富与人的全面发展。"②人们精神生活的内部强大,才能最终实现人的精神追求、精神创造和精神享受。

(二)精神富有克服消费异化

消费既是社会运行和经济发展的一个必要环节,同时也是人们经济生活的重要组成部分。马克思在论述生产与消费的辩证关系时已明确表明了消费的重要地位,"生产生产着消费"③,"生产直接是消费,消费直接是生产"④。如同在资本逻辑的控制下生产过程中会出现劳动异化一样,消费领域也会出现异化

---

① 中共中央马克思恩格斯列宁斯大林著作编译局编译:《马克思恩格斯文集》(第二卷),人民出版社,2009年,第591页。

② 中共中央党史和文献研究院编:《十九大以来重要文献选编》(中),中央文献出版社,2021年,第825页。

③ 中共中央马克思恩格斯列宁斯大林著作编译局编译:《马克思恩格斯文集》(第八卷),人民出版社,2009年,第16页。

④ 中共中央马克思恩格斯列宁斯大林著作编译局编译:《马克思恩格斯文集》(第八卷),人民出版社,2009年,第15页。

现象。马克思指出,"经济的异化是现实生活的异化"①,消费异化则是典型的例证。虽然消费异化是资本权威的产物,服务于资本生产和再生产,但消费异化的产生及后果与意识形态息息相关。这是因为消费本身就隶属于人的有意识的活动。正如西方思想家弗洛姆所说:"消费活动应该是一个具体的人的活动,我们的感觉、身体需要和审美趣味应该参与这一活动——也就是说,我们在消费活动中应该具体的、有感觉的、有感情的和有判断力的人;消费活动应该是一种有意义的、富于人性的和具有创造性的体验。"②在当代中国,消费异化虽然不是资本逻辑的产物,但受到"技术理性"、消费主义等影响,人们的需求与消费出现目的性错乱,消费异化的现象屡见不鲜。具体说来,"技术理性"是产生消费异化的关键因素。随着科技革命的新一轮发展,"技术理性"在社会中愈发影响,科技进步和物质增长成为社会发展的重要指标,人们盲目追求物质享受,满足物质欲望,而越界了实际需求和忽略了真实需求,人的批判性、否定性思维降低。并且,消费异化直接生成了"消费主义"这种错误消费观念。在"消费主义"影响下,消费者的主体性不断减弱,人的虚假需求不断扩张,人们为了消费而消费。消费主义带来的盲目、偏激会加剧个人主义,从而使人们的价值立场和价值选择以个

①　中共中央马克思恩格斯列宁斯大林著作编译局编译:《马克思恩格斯文集》(第一卷),人民出版社,2009 年,第 186 页。

②　弗洛姆:《健全的社会》,欧阳谦译,中国文联出版公司,1988 年,第 134 页。

人利益为主,导致人的判断力、鉴别力受损。

克服消费异化在根本上要抑制"技术理性",回归价值理性,抵制消费主义,树立正确的消费观。这依赖于强大的精神力量来建立消费者的自由自主意识,进而恢复消费者的消费主体性。一方面,精神富有意味着人的精神需求得到极大满足,精神需求可以筛选人的"真实需求"和"虚假需求"。这是因为精神需求的满足是建立在真实的"物质需求"得到极大满足的基础之上的。虚假的"物质需求"的满足只是一种多余的量的累积,并不能充实人的精神世界,过度的物欲是对人的本质的背离,只能使人更焦虑、空虚。只有真实的"物质需求"得到满足,人们的精神生活才会有质的变化。更重要的是,精神富有意味着人具有独立的主体意识,能够充分发挥人的主动性和否定性,而不是接受和屈服于盲目享乐。异化消费实质上是单向度的思维在消费行为中的体现,本质上是一种肯定性、接受性的意识活动。而人的主体性恰恰是批判性、否定性和超越性的有机集合。精神富有具备使人自觉抵制物欲、辩证分析需求、理性看待消费、自由选择权利的功能。

(三)精神富有抵制错误思潮

现代化发展的表现之一是思想领域的解放与开放,这势必导致社会思潮呈现百家争鸣的局面。在形形色色的社会思潮中,有一些紧紧围绕主基调唱响主旋律,传播正能量,但也不乏有一些立场不明、导向有误、目的不纯的错误思潮。错误思潮对我国意识形态领域安全的威胁体现在多个方面:不仅消解指导思想、动摇国家政权、颠覆党的领导,还扰乱中国人民的精神世界和价值立场。后者的影响更隐匿和迷惑,且其深化会加剧前者的威胁。一方面,错误思潮摧毁人的精神意志,消磨人的精神信念,消解广大民众对道路、理论、制度和文化的认同。中国人的精神意志和精神信念养成于辉煌、衰落和复兴的中国历史进程中。但历史虚无主义及其变种,歪曲历史事实、混淆历史得失、抹黑历史人物、虚造历史事件,严重颠倒人们的历史认知,冲击人们的精神世界。另一方面,错误思潮过度阐释人的精神自由,刺激不良精神需求,借助无限制自由化、娱乐化干扰人们的精神生活。例如"新闻自由思潮"就过度解读思想自由、言论自由和出版自由,宣扬"价值共识论""社会公器论""媒体独立论"和"第四权力论"等种种论调,完全背离了实事求是的底线和自由的本真。再例如泛娱乐主义主张反理性、反权威,推崇"去中心化""个体至上",通过娱乐内容的泛化、功利化和低俗化,导致人们的精神文化品味不断降级,精神生活逐渐迷失。

在对待错误思潮的态度上,我们的立场一贯是坚决反对和抵制,同其进行顽强斗争。习近平总书记明确强调,我们要"澄清谬误,明辨是非"①,"旗帜鲜明反对和抵制各种错误观点"②。

---

① 习近平:《习近平著作选读》(第一卷),人民出版社,2023 年,第 451 页。

② 习近平:《习近平著作选读》(第二卷),人民出版社,2023 年,第 35 页。

除了正面揭示、直指弊病外,"我们必须坚持以立为本,立破并举,不断增强社会主义意识形态的凝聚力和引领力"①。这里面就包括要建立强大的精神家园,以精神富有建构"精神长城"。第一,精神富有意味着对社会思潮的认知广度和深度不断增强,对错误思潮的表现、特点、症结及变种有更加深刻的透视,从而提升对错误思潮的敏感性和辨识力,有效筛查和防御错误思潮的渗透。第二,精神富有意味着文化、文艺、舆论等"软实力"不断发挥作用,优化人们的精神生活,使得人们的价值立场更为坚定,价值判断更为准确,人们的思想防线更为牢固,从而自觉抵制各种错误思潮的能力大幅跃升,错误思潮在"精神盾牌"前无计可施。第三,精神富有是无产阶级意识形态建立并成熟的标志之一,成熟的无产阶级意识形态足以与各种错误思潮抗衡。正如卢卡奇提出的,"革命的命运(以及与此相关联的是人类的命运)要取决于无产阶级在意识形态上的成熟程度,即取决于它的阶级意识"②。无产阶级意识形态是抵御各种错误思潮的最强大武器。

二、情感领域:精神富有的意志凝聚效应

精神富有是一个整体样态,既包含个体精神的健康充盈,也

---

① 习近平:《习近平谈治国理政》(第三卷),外文出版社,2020年,第311页。

② 卢卡奇:《历史与阶级意识》,杜章智等译,商务印书馆,2017年,第117页。

包括社会精神的积极向上和民族精神的壮大恢弘。三个部分呈现层次递进的进阶过程,后者的实现基于前者。建设具有强大凝聚力和引领力的社会主义意识形态是连接精神富有三个层次的基本途径,也是实现精神富有的重要体现。正如习近平总书记指明的,"建设具有强大凝聚力和引领力的社会主义意识形态,使全体人民在理想信念、价值理念、道德观念上紧紧团结在一起"①。理想信念、价值理念、道德观念的团结属于意志凝聚的范畴,意志凝聚在本质又归属价值情感的范畴。从人的价值情感维度来看,精神富有可以统一价值共识、汇集精神力量、净化社会舆论。

(一)精神富有统一价值共识

精神富有具有客观性,单纯满足个体的精神欲望是虚假、短暂、纯主观的精神富有,个体精神发展只有融入社会精神和民族精神的发展才能实现真正的精神富有。纯主观的精神富有对应唯心主义的价值论,即只与个人利益、喜好相对应,以自己之标准评量一切的价值。精神富有的客观性与其价值的客观性对应。马克思主义价值论认为,在一定条件下,客体对主体的价值关系不依赖于主体的主观意识,也不依赖于人们对它的认识和评价。精神富有的客观性和价值的客观性共同要求形成统一的价值共识。因此,个体精神领域必须树立正确的价值观,进而,

---

①　习近平:《习近平著作选读》(第二卷),人民出版社,2023 年,第 34 页。

推动整个社会和民族精神领域形成统一的价值共识,这是精神富有的应有之义。

一方面,在事关党和国家生存发展的重大政治问题上,精神富有统一价值立场。精神世界贫乏,价值立场则散乱,精神世界富有,价值立场则统一。在近代中国积贫积弱、思想混乱的时代,人的物质生活难以保证,精神生活更无暇提及,无法形成统一的价值立场。这才会出现改良主义、自由主义、社会达尔文主义、无政府主义、实用主义、民粹主义、工团主义等"你方唱罢我登场"的局面。"农民起义、君主立宪、资产阶级共和制等种种救国方案都相继失败了。"①随着马克思主义的传入,在中国共产党的领导下新中国成立,改革开放深化拓展,直到中国特色社会主义进入新时代,人们的物质生活实现质的飞跃,精神生活不断丰富,人们的价值立场趋于统一。特别是在马克思主义指导思想、中国共产党领导核心、中国特色社会主义道路选择、以中国式现代化推进中华民族伟大复兴使命任务等基本原则、根本路线已深入人心。

另一方面,在关乎全社会、全国人民的思想基础、精神引领上,精神富有强调统一的价值追求。21 世纪以来,一些国家之所以发生各式各样的颜色革命,根本原因是这些国家的精神世界不够强大,价值体系混乱、价值追求分化。一旦一个国家的精神旗帜倒塌,核心价值观受到怀疑或否定,必然会引发社会动

---

① 中共中央文献研究室编:《十八大以来重要文献选编》(上),中央文献出版社,2014 年,第 688 页。

荡,乃至政权更迭。习近平总书记强调:"人无精神则不立,国无精神则不强。精神是一个民族赖以长久生存的灵魂,唯有精神上达到一定的高度,这个民族才能在历史的洪流中屹立不倒、奋勇向前。"①精神富有需要有一个具有强大引领力的精神体系发挥价值引领力,引导全社会的精神航向。党的十八大以来,以习近平同志为核心的党中央高度重视培育和践行社会主义核心价值观。从提升民族和人民的精神境界看,社会主义核心价值观是精神支柱、精神纽带,是行动向导,对丰富人们的精神世界、建设民族精神家园具有基础性、决定性作用。在社会主义核心价值观的引领下,实现民族复兴的道路平坦明亮,全社会崇德向善、奋发向上,文明程度不断提高,广大民众对主流价值的认同感和归属感不断增强。

(二)精神富有汇集精神力量

精神力量的强弱是衡量一个国家综合国力的重要尺度。习近平总书记指出:"一个民族的复兴需要强大的物质力量,也需要强大的精神力量……没有人民精神世界的极大丰富,没有民族精神力量的不断增强,一个国家、一个民族不可能屹立于世界民族之林。"②根据唯物辩证法的基本观点,精神与物质在一

---

① 中共中央文献研究室编:《十八大以来重要文献选编》(下),中央文献出版社,2018 年,第 395-396 页。

② 中共中央文献研究室编:《习近平关于社会主义文化建设论述摘编》,中央文献出版社,2017 年,第 7 页。

定条件下可以相互转化,精神力量可以转化为物质力量。全面建设社会主义现代化国家,需要凝聚亿万人民的精神力量,鼓舞广大人民团结奋斗的激情,以充沛的创造伟力创造历史伟业。精神能够激发力量并得以汇集的前置条件是人的精神境界在层次上有质的飞跃,精神品质在境域上全面提升。简言之,精神必须富有。

一方面,精神富有可以促进人的精神需求升级并获得精神满足。在马克思看来,人之所以是类存在物,与动物有本质区别,正由于人的生命活动是有意识的。"自由的有意识的活动恰恰就是人的类特性。"[1]这实际就强调了,精神生活是人特有的生活方式。进言之,精神需求也是人特有的生活需求。正如马克思所言:"人以其需要的无限性和广泛性区别于其他一切动物。"[2]人的生存不仅有物质需要,还有"精神需要和社会需要"[3]。人的精神生活受思想和理性的指导,内在要求人具有超越动物单纯生物本能需求的精神需求和精神满足。精神实现富有的过程也就是精神需求不断升级、精神不断获得满足的过程。中国共产党创造的人类文明新形态超越传统工业文明的表现之一是对人精神需求的高度重视和对实现精神生活共同富裕的强

[1] 中共中央马克思恩格斯列宁斯大林著作编译局编译:《马克思恩格斯文集》(第一卷),人民出版社,2009 年,第 162 页。

[2] 中共中央马克思恩格斯列宁斯大林著作编译局译:《马克思恩格斯全集》(第三十八卷),人民出版社,2019 年,第 11 页。

[3] 中共中央马克思恩格斯列宁斯大林著作编译局编译:《马克思恩格斯文集》(第五卷),人民出版社,2009 年,第 269 页。

烈追求。正如习近平总书记指出:"传统的工业文明,只重视人的物质需求,而忽视了人的精神需求,使人单向度发展。"①而人类文明新形态注重满足人的美好生活需要,促进人的全面发展。这必然要求不断满足人的精神需求,实现精神富有。

另一方面,精神富有能够塑造人的精神寄托,从而迸发精神动力。对于人的个体来说,正确的精神寄托是生命活动的重要支撑,能够增强生活信念。对于人民整体而言,坚定的精神寄托是无产阶级实现"革命理想"的力量源泉,坚定进取的精神寄托可以迸发精神动力。精神富有指向人的精神家园,这是精神寄托之所。精神贫乏意味着精神没有寄托或寄托于封建迷信,导致精神家园空虚;精神富有意味着拥有美好、上进的精神寄托,使精神家园达到尽善尽美。在新时代,中国人的精神寄托通过中国梦得到了完美诠释,中国梦承载了中国人民对历史的敬仰、对现实的热忱、对未来的憧憬。它深深凝聚广大人民的精神意志,激励着人们为实现民族复兴而努力奋斗。

(三)精神富有净化社会舆论

社会舆论有着鲜明的意识形态属性。"舆论是公众关于现实社会以及社会中的各种现象、问题所表达的信念、态度、意见和情绪表现的总和,具有相对的一致性、强烈程度和持续性,对

---

① 习近平:《干在实处 走在前列——推进浙江新发展的思考与实践》,中共中央党校出版社,2006年,第19页。

社会发展及有关事态的进程产生影响。"①可见,舆论在社会中起到"晴雨表""风向标"的重要作用。舆论并不仅包含理智的成分,其中也混杂着非理智的成分,舆论导向因此有正确和错误之分。习近平总书记指出:"舆论导向正确,就能凝聚人心、汇聚力量,推动事业发展;舆论导向错误,就会动摇人心、瓦解斗志,危害党和人民事业。"②舆论导向的正确与否与人的精神富有与否密切关联。人的精神富有,看待各种社会现象和问题则更为理智,观点的表达则更为积极向上,舆论导向就趋于正确,相反,舆论导向则趋于错谬。

一方面,精神富有意味着公众意见有效引导,影响舆论形成过程,减少错误舆论数量。公众(舆论主体)意见是舆论形成的核心元素,公众意见达成一致是舆论形成的标识。公众意见一般是自发形成,并且在不同空间、拥有不同文化水平和不同信息接受能力的舆论主体面对不同社会阶层、不同发生范围的舆论客体时往往带有盲目性,易受错误导向干扰,形成错误舆论。人的精神富有,认知水平大幅提升,理性程度增加,对事件的分析能力增强,公众意见中的非理智因素降低,错误舆论数量显著减少。另一方面,精神富有意味着公众政治素养显著提升,以及科学理论的深入武装,进而增强正向舆论的质量。公众政治素养

---

① 陈力丹编:《舆论学——舆论导向研究》,上海交通大学出版社,2012年,第33页。
② 习近平:《习近平著作选读》(第一卷),人民出版社,2023年,第455页。

的提升与舆论质量关系密切，当公众政治立场坚定、政治方向明确时，他们拥护正确舆论、抵制错误舆论的自觉性必然提高。精神富有使得人们对马克思主义中国式时代化的最新理论成果、党和国家的路线方针政策、国情社情的了解和认同程度不断提升，政治判断力、政治领悟力、政治执行力明显增强，这有利于推动舆论导向更加正向。

三、文化领域：精神富有的文化发展效应

文化是现代化的重要因素，是国家事业布局的重要内容，是社会发展的重要支柱，是克服风险挑战的重要武器，是民族复兴的重要力量源泉。因此，文化表征民族的生命力、人民的创造力和社会的凝聚力。我们说的文化，不是别的什么主义的文化，而是中国特色社会主义文化，具有强烈的意识形态性。中国特色社会主义文化符合社会主义的价值目标，反映历史发展的前进方向。正如习近平总书记指出："没有社会主义文化繁荣发展，就没有社会主义现代化。"[①]精神富有的过程既是中国特色社会主义文化不断积淀、创造与发展的过程，也是人的精神文化生活日益丰富的过程。习近平总书记明确强调："人类社会与动物界的最大区别就是人是有精神需求的，人民对精神文化生活的需

---

① 习近平：《习近平谈治国理政》（第四卷），外文出版社，2022 年，第 309 页。

求时时刻刻都存在。"①从文化发展领域看,精神富有可以激发文化自觉、激励文化创造、激扬文化魅力。

(一)精神富有激发文化自觉

费孝通先生认为,文化自觉是指"生活在一定文化中的人对其文化有'自知之明',明白它的来历,形成过程,所具的特色和它发展的趋向"②。文化自觉的形成过程,也是文化理性认知得到提升,文化价值认同得到形塑,文化情感共鸣得到生发的过程。可见,文化自觉并非仅仅是对文化进行简单的反思和省察,而需要对文化的历史、现状和未来进行全面、辩证的分析,以形成客观、科学的思想认识。因此,文化自觉的进程与人的意识发展阶段、理性程度和信仰养成水平紧密相连,即与人的精神发展状态紧密相关。精神贫乏会导致文化蒙昧,而唯有精神富有才能激发文化自觉。

一方面,精神富有以精神觉醒提高文化认同。习近平总书记指出:"文化认同是最深层次的认同……文化认同问题解决了,对伟大祖国、对中华民族、对中国特色社会主义道路的认同才能巩固。"③文化认同的过程实际是文化主体性建构的过程,

---

① 中共中央文献研究室编:《习近平关于社会主义文化建设论述摘编》,中央文献出版社,2017 年,第 8 页。

② 费孝通:《反思·对话·文化自觉》,《北京大学学报(哲学社会科学版)》,1997 年第 3 期。

③ 习近平:《习近平著作选读》(第一卷),人民出版社,2023 年,第 285 页。

这恰恰是文化自觉的前提。文化认同诉诸于精神的觉醒。在黑格尔的精神哲学中,实际包含对精神觉醒的论证。黑格尔认为,"主观精神被看作初始的东西,这种东西在自己的直接性中是非概念的,它在其中把握自己的本质,将其发展出来,以此为自己赋予自己同自己的本质具有的自由的同一性,从而为自己赋予自己的绝对的实在性。"①可以看出,黑格尔论证的精神觉醒是主观精神自身的演变,是纯抽象的概念推演,完全脱离了物质和必然性。按照马克思主义的观点,真正的精神觉醒必须植根于物质生产,同时精神要观照现实的历史和现实的实践。这一过程伴随着文化的不断演进,逐步提高文化认同。精神觉醒的程度越高,文化认同的水平也越高,当精神达到完全觉醒时,文化自觉必然形成。

另一方面,精神富有以精神凝聚坚定文化自信。文化自信是文化主体对自身文化的肯定、传承、坚守和弘扬,其建立在文化自觉的基础上。习近平总书记强调:"没有高度的文化自信,没有文化的繁荣兴盛,就没有中华民族伟大复兴。"②鸦片战争以来,中华民族历经磨难、遭受欺辱,给中华民族精神以重创。民族精神的萎靡引发文化危机,导致文化自卑现象出现。新民主主义革命的胜利使中华民族精神为之一振,文化自信在革命

---

① 黑格尔:《哲学科学全书纲要 1817 版》,薛华译,商务印书馆,2021年,第 218 页。

② 习近平:《习近平著作选读》(第二卷),人民出版社,2023 年,第 33页。

文化形成过程中确立。伴随马克思主义中国化时代化的发展、新时代中国特色社会主义实践取得的伟大成就,民族精神得到极大凝聚,文化自信在社会主义先进文化的建设中和对中华优秀传统文化的转化发展中趋于坚定。正如习近平总书记指明的,伟大民族精神"是我们坚定中国特色社会主义道路自信、理论自信、制度自信、文化自信的底气,也是我们风雨无阻、高歌行进的根本力量"[1]!

(二)精神富有激励文化创造

习近平总书记在文化传承发展座谈会上的讲话中指出:"共同努力创造属于我们这个时代的新文化,建设中华民族现代文明!"[2]文化的生命力在于创新创造,创新创造是中华文化源远流长的密码所在。文化的创造性植根于个人以及民族的创造精神。在创造精神的引导下,人的思想创造、科技创造、文艺创造、工程创造等不断出新,从而推动思想文化、科技文化、文艺作品、建筑文化等不断发展。习近平总书记指出:"中国人民的创造精神正在前所未有地迸发出来,推动我国日新月异向前发展,大踏步走在世界前列。"[3]创造精神的迸发得益于精神世界的丰沛,

① 习近平:《习近平谈治国理政》(第三卷),外文出版社,2020年,第142页。

② 习近平:《在文化传承发展座谈会上的讲话》,《求是》,2023年第17期。

③ 习近平:《习近平谈治国理政》(第三卷),外文出版社,2020年,第140页。

是精神富有的重要体现。

一方面,精神世界的丰沛过程激活精神文化资源。文化资源是人们从事文化生产和文化活动所利用的各种资源的总和。从存在形式看,文化资源不仅包括物质文化资源,还包括精神文化资源。相较于前者,精神文化资源更具有传承性,且发掘、利用空间更大。精神文化资源的价值体现完全依托于以当代表现载体的开发和转化程度。而这种开发和转化程度又取决于精神世界建构的需要。新时代,人们的精神生活向着共同富裕的水平不断跃升,这意味着精神世界的建构需要更丰硕的精神食粮、更牢固的精神纽带、更强大的精神底气。这极大增强了文化主体激活精神文化资源的主动性。习近平总书记多次提到的"中华优秀传统文化的创造性转化和创新性发展"问题,实质就是文化资源的激活问题,并且主要是激活精神文化资源。正如习近平总书记的明确要求:"推动中华优秀传统文化创造性转化、创新性发展,继承革命文化,发展社会主义先进文化,不忘本来、吸收外来、面向未来,更好构筑中国精神、中国价值、中国力量,为人民提供精神指引。"[①]

另一方面,精神生产助力文化输出,有助于文化事业和文化产业的繁荣发展。人的精神生产作为人的精神生活的必要部分,是人特有的生产领域,体现了马克思提出的"人的生产是全

---

① 习近平:《习近平著作选读》(第二卷),人民出版社,2023年,第19页。

面的"①这一论点。人的精神生产水平取决于人的精神生活水平,精神生活越丰富多彩,精神生产越高质多样。从产品属性看,精神产品主要是文化产品。随着新一轮科技革命和产业变革的推进,精神生产力得到了大幅提高,精神生产的能力和水平取得了巨大进步,这促使文化输出数量增多、种类更加多样、内涵更加丰富,进而推动了文化事业和文化产业的繁荣发展。

(三)精神富有激扬文化魅力

马克思主义的世界历史理论认为,从民族历史向世界历史的转变是人类社会发展必然的历史趋势。在此过程中,文化作为民族标识和精神灵魂,也必将走向世界融合。在交流互鉴中吸收新思想、接纳新文化、创造新文化成为文化发展的必经之道。中华文化在世界文化的激荡中,能够保持独立自主、不受同化,同时博采众长、贡献智慧,展现出超凡脱俗的文化魅力,这主要得益于中华民族开放包容的民族精神。开放性和包容性体现了精神世界的崇高境界和坚韧生命力。精神富有使得民族精神中开放包容的精神特质更加突显,进一步激发了中华文化的独特魅力,并"推动中华文化更好走向世界"②。

具体说来,"和合"精神集中体现民族精神开放包容的特

---

① 中共中央马克思恩格斯列宁斯大林著作编译局编译:《马克思恩格斯文集》(第一卷),人民出版社,2009年,第162页。

② 习近平:《习近平著作选读》(第一卷),人民出版社,2023年,第38页。

质,其在精神世界的改造升级中愈加深厚,为发展增强"文化间性"提供精神底气。"文化间性"是哈贝马斯根据其交往行为理论中国内政治视域中的"主体间性"概念扩展到国际政治领域而衍生出来的概念,其"强调的不是单一民族的地位、身份和自我认同,而是不同民族、不同国家、不同文化之间的对话和合作关系"①。"文化间性"要求无差别地尊重每一个民族,它突出的是各个民族之间的交往关系,不同民族和国家之间只有经过平等协商,才能就一系列问题达成共识。正如习近平总书记指出:"文明因多样而交流,因交流而互鉴,因互鉴而发展。我们要加强世界上不同国家、不同民族、不同文化的交流互鉴。"②"文化间性"的精神基因即是"和合"精神。西方资本主义国家正是因为缺少了"和合"精神,其在世界文化场域中才会走向文化入侵和文化殖民。在"和合"精神的引导下,中华文化在兼收并蓄中延绵不息,始终保持强烈的世界意识和宽广胸怀。新时代以来,人们精神世界不断丰富提升,"和合"精神内涵的"协和万邦""修文偃武""和而不同""推己及人"等观念和和平主义为人类命运共同体思想注入文化生命力,在世界文化交流中引人瞩目,极大增强中华文化的世界话语权、影响力、传播力,中华文化绽放出独树一帜的魅力风采。

---

① 武汉大学哲学院、武汉大学中西比较哲学研究中心编著:《比较哲学与比较文化论丛》(第4辑),武汉大学出版社,2012年,第123页。

② 中共中央党史和文献研究院编:《十九大以来重要文献选编》(中),中央文献出版社,2021年,第81页。

参考文献

一、著作

1. 马克思,恩格斯.马克思恩格斯文集(1-10 卷)[M].人民出版社,2009.

2. 马克思,恩格斯.马克思恩格斯选集(1-4 卷)[M].人民出版社,2012.

3. 马克思,恩格斯.马克思恩格斯全集(3、31 卷)[M].人民出版社,2002,1998.

4. 习近平.习近平著作选读(1-2 卷)[M].人民出版社,2023.

5. 习近平.习近平谈治国理政(1-4 卷)[M].外文出版社,2018,2017,2020,2022.

6. 中共中央文献研究室编.习近平关于社会主义文化建设论述摘编[M].中央文献出版社,2017.

7. 中共中央文献研究室编. 十八大以来重要文献选编（上）[M]. 中央文献出版社,2014.

8. 中共中央党史和文献研究院编. 十九大以来重要文献选编（中）[M]. 中央文献出版社,2021.

9. 陈俊. 技术与自由——马尔库塞技术哲学思想研究[M]. 中国社会科学出版社,2013.

10. 陈力丹. 舆论学——舆论导向研究[M]. 上海交通大学出版社,2012.

11. 陈学明. 西方马克思主义教程[M]. 高等教育出版社,2001.

12. 陈锡喜. 意识形态：当代中国的理论和实践[M]. 中国人民大学出版社,2018.

13. 陈先达. 坚持马克思主义在意识形态领域指导地位研究[M]. 经济科学出版社,2015.

14. 笛卡尔. 第一哲学沉思集[M]. 庞景仁译. 商务印书馆,1986.

15. 丹尼尔·贝尔. 资本主义的文化矛盾[M]. 赵一凡,蒲隆,任晓晋译. 生活·读书·新知三联书店,1989.

16. 董前程. 高校思想政治理论课教学模式改革研究[M]. 中国社会科学出版社,2018.

17. 段忠桥. 当代国外社会思潮[M]. 中国人民大学出版社,2010.

18. 费尔巴哈. 费尔巴哈哲学著作选集（上卷）[M]. 荣震华,

李金山译. 商务印书馆,1984.

19. 弗洛姆. 健全的社会[M]. 欧阳谦译. 中国文联出版公司,1988.

20. 弗洛姆. 逃避自由[M]. 刘林海译. 北方文艺出版社,1987.

21. 弗雷德里克·格霍. 福柯考[M]. 华东师范大学出版社,2017.

22. 福柯. 福柯说权力与话语[M]. 华中科技大学出版社,2017.

23. 高宣扬. 福柯的生存美学[M]. 中国人民大学出版社,2005.

24. 黑格尔. 精神现象学(上卷)[M]. 贺麟,王玖兴译. 上海人民出版社,2013.

25. 黑格尔. 法哲学原理[M]. 范扬,张企泰译. 商务印书馆,2008.

26. 黑格尔. 小逻辑[M]. 贺麟译. 商务印书馆,1980.

27. 黑格尔. 哲学科学全书纲要 1817 版[M]. 薛华译. 商务印书馆,2021.

28. 侯惠勤. 马克思的意识形态批判与当代中国[M]. 中国社会科学出版社,2010.

29. 莱布尼茨. 人类理智新论[M]. 陈修斋译. 商务印书馆,1982.

30. 卢卡奇. 历史与阶级意识[M]. 杜章智等译. 商务印书

馆,2017.

31. 马克斯·韦伯. 经济与社会(上卷)[M]. 林荣远译. 商务印书馆,1997.

32. 马克斯·韦伯. 新教伦理与资本主义精神[M]. 康乐,简惠美译. 生活·读书·新知三联书店,2019.

33. 马克斯·韦伯. 学术与政治[M]. 钱永祥译. 上海三联书店,2019.

34. 马尔库塞. 单向度的人[M]. 刘继译. 上海译文出版社,2008.

35. S. E. 斯通普夫,J. 菲泽. 西方哲学史[M]. 匡宏,邓晓芒译. 世界图书出版公司,2009.

36. 萨特. 辩证理性批判(上)[M]. 林骧华等译. 安徽文艺出版社,1998.

37. 萨特. 存在主义是一种人道主义[M]. 周煦良,汤永宽译. 上海译文出版社,1988.

38. 童世骏. 意识形态新论[M]. 上海人民出版社,2006.

39. 武汉大学哲学院,武汉大学中西比较哲学研究中心. 比较哲学与比较文化论丛(第4辑)[M]. 武汉大学出版社,2012.

40. 王永贵. 马克思主义意识形态理论与当代中国实践研究[M]. 人民出版社,2013.

41. 燕宏远. 沉思与批判——卢卡奇走向马克思的道路[M]. 社会科学文献出版社,2020.

42. 约翰·华特生. 康德哲学原著选读[M]. 韦卓民译. 华中

师范大学出版社,2000.

43.衣俊卿.20世纪新马克思主义[M].中央编译出版社,2012.

44.俞吾金.意识形态论[M].人民出版社,2009.

45.张百顺,齐新林.思想政治理论课教学与人格教育和谐发展[M].华中科技大学出版社,2019.

46.张雷声.思想政治理论课教学的境界[M].中国人民大学出版社,2018.

47.张志伟.西方哲学史[M].中国人民大学出报社,2010.

二、期刊文章

48.程恩慧.卢卡奇无产阶级革命理论的三部曲[J].马克思主义理论学科研究,2017(2):169-177.

49.符海平.启蒙理性与现代性道德危机的批判性重构——基于马克思和尼采反思现代性模式的考察[J].教学与研究,2021(12):44-52.

50.费孝通.反思·对话·文化自觉[J].北京大学学报(哲学社会科学版),1997(3):15-22.

51.韩秋红.无产阶级的阶级意识与集体自觉——从卢卡奇到当代西方左翼[J].理论探讨,2022(1):115-122.

52.李桂花,张媛媛.超越单向度的人——论马尔库塞的科技异化批判理论[J].社会科学战线,2012(7):30-32.

53. 李江静.马克思恩格斯意识形态理论的建构逻辑阐释[J].马克思主义研究,2021(12):88-96.

54. 李楠.以丰富人民精神世界推进中国式现代化探赜[J].马克思主义研究,2023(1):64-75.

55. 李馨宇,李菡婷.马克思意识形态原理的基本逻辑及当代价值[J].思想理论教育导刊,2018(7):38-42.

56. 梁玉春.从"全面贫困化"到"单向度的人"——西方马克思主义社会批判理论的人本主义转向[J].新视野,2018(2):102-107.

57. 刘洋,贾中海.对中国社会"科技异化"现象的批判性反思——以马尔库塞科技异化理论为视角[J].广西社会科学,2020(8):96-101.

58. 孙兰英,王彦淳.马克思意识形态理论的转进逻辑探微——基于对意志范畴的考察[J].南开学报(哲学社会科学版),2022(3):1-9.

59. 宋惠芳.实践哲学视野下马克思人的本质学说的逻辑建构[J].理论学刊,2019(3):74-81.

60. 汤荣光.马克思主义意识形态理论源流探综[J].宁夏社会科学,2021(1):28-39.

61. 唐晓燕.马克思意识形态理论的逻辑进程与当代中国社会意识形态治理创新[J].观察与思考,2020(1):39-46.

62. 唐晓燕.马克思意识形态理论逻辑进程研究[J].马克思主义理论学科研究,2019(4):170-175.

63. 王清涛. 马克思的主体转换与哲学革命[J]. 求索,2021(4):85-91.

64. 王淑芹. 中国式现代化:物质文明与精神文明协调发展的理论根源[J]. 道德与文明,2022(6):5-9.

65. 王淑芹. 深化对精神生活共同富裕的认识[J]. 思想理论教育导刊,2022(1):72-78.

66. 徐斌. 马克思关于"现实的人"的思想及其当代意义[J]. 中共中央党校学报,2013(1):36-39.

附　录

附录部分选取了两篇作者在意识形态相关问题上的研究成果。其一,关于马克思主义基本原理同中华优秀传统文化相结合的问题,这一问题关系到马克思主义在意识形态领域的指导地位。其二,关于新时代文明实践助力中国式现代化的问题,这一问题关系到党的创新理论在基层的落地生根。

附录1:论马克思主义基本原理同中华优秀传统文化相结合

党的二十大报告明确指出:"坚持和发展马克思主义,必须同中华优秀传统文化相结合。"①马克思主义基本原理同中华优秀传统文化相结合重大论断是习近平新时代中国特色社会主义

---

① 习近平:《高举中国特色社会主义伟大旗帜 为全面建设社会主义现代化国家而团结奋斗——在中国共产党第二十次全国代表大会上的报告》,人民出版社,2022年,第18页。

思想的重大原创性贡献,也是"马克思主义中国化新的飞跃"的重要前提。马克思主义基本原理同中华优秀传统文化相结合不仅深刻总结了党理论创新的历史经验,并且对开辟马克思主义中国化、时代化新境界,进而对实现伟大复兴梦想起到理论先导和行动指南的重要意义。正确坚持马克思主义基本原理同中华优秀传统文化相结合,关键是要理解和把握这一结合的根本定位和核心要义,并在实践中不断深化拓展。

一、马克思主义基本原理同中华优秀传统文化相结合是同中国具体实际相结合的应有之义

习近平新时代中国特色社会主义思想实现了马克思主义中国化从"一个相结合"到"两个结合"的新叙事,实现了马克思主义中国化新的飞跃。明晰马克思主义基本原理同中华优秀传统文化相结合的根本定位是深刻认识马克思主义中国化历史进程和新的飞跃的理论前提,同时也是进一步推动马克思主义中国化创新发展必须厘清的基本问题。

同中国具体实际相结合必然要求同中华优秀传统文化相结合,同中华优秀传统文化相结合的落脚点仍然是中国具体实际。中国具体实际不单指社会主义的中国实践和中国基本国情,还应包括中国历史、民族特点、民族精神、传统文化等。毛泽东在党的六届六中全会上做的《论新阶段》的报告中明确提出了马

克思主义中国化的命题,并且强调了"马克思主义必须通过民族形式才能实现。没有抽象的马克思主义,只有具体的马克思主义。所谓具体的马克思主义,就是通过民族形式的马克思主义,就是把马克思主义应用到中国具体环境的具体斗争中去,而不是抽象地应用它……马克思主义的中国化,使之在其每一表现中带着中国的特性,即是说,按照中国的特点去应用它"①。之后,毛泽东又在《反对主观主义和宗派主义》中进一步提出了"使中国革命丰富的实际马克思主义化"②。这时毛泽东就把中国实际的总体系统全面阐述为中国历史、中国文化、中国现实、中国经验等。中华优秀传统文化是中国历史的高度凝结,是民族特点的高度概括,是民族精神的高度凝练,是中国文化的精神精华。这意味着,中国具体实际在内容上涵盖了中华优秀传统文化。那么,马克思主义基本原理同中国具体实际相结合就必然要求同中华优秀传统文化相结合。

马克思主义基本原理同中国具体实际相结合决定同中华优秀传统文化相结合还是时代的必然要求。新时代面对世界百年未有之大变局和中国国内的发展实际,都需要在马克思主义基本原理同中国具体实际相结合基础上重视与中华优秀传统文化相结合的问题。从国内发展实际来看,如何进一步将全体人民

---

①　中共中央文献研究室中央档案馆编:《建党以来重要文献选编(一九二一——一九四九)》(第15册),中央文献出版社,2011年,第651页。

②　中共中央文献研究室编:《毛泽东文集》(第2卷),人民出版社,1993年,第374页。

的精神意志凝聚到实现社会主义现代化强国目标当中,如何进一步增强全体人民的文化自信,需要从中华优秀传统文化中汲取精神力量。如何准确把握新征程的特点、规律、方法,如何有效应对发展面临的瓶颈,如何加强党的自身建设,也需要从中华优秀传统文化中寻求文化智慧。习近平总书记明确指出:"世世代代的中华儿女培育和发展了独具特色、博大精深的中华文化,为中华民族克服困难、生生不息提供了强大精神支撑。"①从国际大局来看,世界不稳定、不确定的程度不断加深,世界范围的经济、政治、生态、安全等问题已成为影响各国前途命运和人民利益的重大威胁。中国面临来自世界的挑战,不仅需要科学理论的指导,同时还需要有深沉、持久的文化根基和强大的文化软实力的支撑。正如习近平总书记所讲,"没有先进文化的积极引领,没有人民精神世界的极大丰富,没有民族精神力量的不断增强,一个国家、一个民族不可能屹立于世界民族之林"②。

"两个结合"互为一体,相辅相成,具有统一性,统一于共同目标,即马克思主义中国化时代化和中华民族伟大复兴。同中国具体实际相结合回答的是在站起来、富起来、强起来的过程中,如何选择一个方向,并始终坚守这个方向;如何选择一条道路,并始终拓宽这条道路;如何选择一种制度,并始终完善这种

---

① 习近平:《坚定文化自信,建设社会主义文化强国》,《求是》,2019 年第 12 期。

② 习近平:《坚定文化自信,建设社会主义文化强国》,《求是》,2019 年第 12 期。

制度;如何选择一份事业,并始终创造这份事业。同中华优秀传统文化相结合回答的是如何让这个方向、这条道路、这种制度、这份事业更具有中国特色、中国风格、中国气派这一问题。新时代在推进马克思主义中国化,实现社会主义现代化强国,实现中华民族伟大复兴的征程中,"两个结合"缺一不可。

二、马克思主义基本原理同中华优秀传统文化相结合关键在同频共振

马克思主义基本原理同中华优秀传统文化相结合的问题是西方理论与中国实际相遇而必然产生的文化互鉴与交融现象。习近平总书记把这一结合单独分列出来,必将为今后深入推进马克思主义中国化、时代化提供重要精神指引。马克思主义基本原理同中华优秀传统文化相结合主要是发挥二者的同频共振作用,这一作用的发挥关键在于马克思主义基本原理与中华优秀传统文化的相融相通。马克思主义基本原理只有同中华优秀传统文化相融相通才能更好地同中国具体实际相结合,才能适应中国变革求进的磁场、把准中国发展图强的脉搏。中华优秀传统文化只有同马克思主义相融相通才能在中国革命、建设、改革进程中发挥积极有效的作用。

中华优秀传统文化虽然内涵博大丰富,精神价值强大,但并不能直接有效地推动中国发展,需要在马克思主义指导下创造性转化和创新性发展。马克思主义基本原理同中华优秀传统文

化相结合,就是要升华二者共有的精神价值共同发挥作用,最终目的在于推进中国化马克思主义最新理论成果不断发展,凝聚中华民族精神,为实现中华民族伟大复兴建构思想、精神、文化领域的良好氛围。革命与建设时期,马克思主义基本原理同中华优秀传统文化在相融通基础上同频共振,激励中华民族和中国人民浴血奋战、百折不挠、自力更生、发愤图强,找到了国家建立与发展最根本的依靠、最重要的方法、最基本的动力,为新中国的建立及后来的社会主义建设提供了重要遵循。改革开放新时期,马克思主义基本原理同中华优秀传统文化在相融通的基础上同频共振,激励中华民族和中国人民发愤图强、锐意进取,不断追寻并实现对美好生活的向往。党的十八大以来,马克思主义基本原理同中华优秀传统文化在相融通基础上同频共振,激励中华民族和中国人民自信自强、守正创新,迎来中华民族伟大复兴的光明前景,中华民族日益走近世界历史舞台的中央。

三、在实践中深入推进马克思主义基本原理同中华优秀传统文化相结合

在实践中继续讲好马克思主义基本原理同中华优秀传统文化的故事,需要对理论有正确的态度,对文化有必要的关切。马克思主义基本原理同中华优秀传统文化相结合在实践中持续深化,必定更加展现中国化马克思主义强大的生命力。

（一）坚持马克思主义的立场、观点、方法

没有马克思主义就没有中国共产党,也就没有中国社会主义革命、建设、改革的伟大成就。"马克思主义不仅深刻改变了世界,也深刻改变了中国。"①马克思主义是真理,是科学,其精髓是马克思主义基本原理,即立场、观点和方法。马克思主义的立场、观点和方法具有永恒性,是任何时代都颠扑不灭的真理。深化马克思主义基本原理同中华优秀传统文化相结合仍然要坚持以马克思主义基本原理为指导,正确把握马克思主义立场、观点、方法。

在马克思主义经典作家的时代,马克思主义的立场就是全世界无产阶级或者工人阶级的立场。这是因为"在当前同资产阶级对立的一切阶级中,只有无产阶级是真正革命的阶级"②。马克思主义谋求的是人类解放和人的自由全面发展。马克思主义的立场也就是所有共产党人的立场,因为共产党人"没有任何同整个无产阶级的利益不同的利益"③。中国共产党人始终把人民作为自己的立场,人民指的是工人阶级领导的、以工农联盟为基础的最广大人民。这一立场既源于马克思主义的立场,同

---

① 习近平:《在纪念马克思诞辰 200 周年大会上的讲话》,《光明日报》,2018 年 5 月 5 日。

② 中共中央马克思恩格斯列宁斯大林著作编译局编译:《马克思恩格斯文集》(第二卷),人民出版社,2009 年,第 41 页。

③ 中共中央马克思恩格斯列宁斯大林著作编译局编译:《马克思恩格斯文集》(第二卷),人民出版社,2009 年,第 44 页。

时具有时代和国情内涵,是真正的 21 世纪共产党人的立场。马克思主义的观点蕴含在马克思主义哲学、政治经济学、科学社会主义中。马克思主义正确揭示了人类同这个世界的关系、人类社会形态的更替、人类社会发展的基本规律;它始终代表全世界无产阶级的根本利益,致力于实现无产阶级的共同富裕;它尖锐批判了资本主义社会的弊病、揭露了资本主义社会的基本矛盾,指明了其必然灭亡的历史命运;它科学预判了共产主义社会的基本特征,明确了人类社会发展的方向等。这些基本观点仍然是推进马克思主义中国化的重要遵循。马克思主义的方法根本上就是辩证法,主要包括唯物辩证法和历史辩证法。唯物辩证法告诉我们要用联系的、发展的、全面的观点认识世界、改造世界。历史辩证法告诉我们要从人类社会发展的历史本身出发,把社会历史发展的总体看做历史辩证法的核心。

新时代坚持以马克思主义的立场、观点、方法,说到底就是坚持习近平新时代中国特色社会主义思想的指导地位,因为习近平新时代中国特色社会主义思想正是马克思主义基本原理同中华优秀传统文化相结合的具体体现。党的十九届六中全会通过的《决议》明确提出,习近平新时代中国特色社会主义思想实现了马克思主义中国化的新飞跃,并且突出强调了确立习近平新时代中国特色社会主义思想的指导地位。习近平新时代中国特色社会主义思想是坚持马克思主义基本原理同中华优秀传统文化相结合的理论创新,也是继续深化这一结合的理论指导。从继承的视角来看,习近平新时代中国特色社会主义思想坚持了马克思主义的科学性、人民性、实践性和开放性。从发展的视角来看,"十个明确""十四个坚持""十三个方面成就"都是习近平新时代中国特色社会主义思想的重大理论和实践贡献。习近平新时代中国特色社会主义思想作为当代中国马克思主义、21世纪马克思主义,是中华民族伟大复兴的光辉旗帜和指导思想,必须长期坚持、不断发展。

(二)坚持中华优秀传统文化的创造性转化和创新性发展

将马克思主义基本原理同中华优秀传统文化相结合是增强中国特色社会主义文化自信的根本需求,也为中华优秀传统文化的创造性转化和创新性发展提供了根本导向。习近平总书记强调,"文化自信,是更基础、更广泛、更深厚的自信"①,"文化自信是一个国家、一个民族发展中最基本、最深沉、最持久的力量"②。通过马克思主义基本原理与中华优秀传统文化的深度结合,人民将对马克思主义的认同感,对中国共产党的归属感和对中华优秀传统文化的自豪感同步提升。从而,极大增强全国人民的凝聚力、向心力、奋发力,促使朝着共同的目标砥砺前进。深化马克思主义基本原理同中华优秀传统文化的结合,必须进

---

① 习近平:《在庆祝中国共产党成立95周年大会上的讲话》,《光明日报》,2016年7月2日第2版。

② 习近平:《在全国抗击新冠肺炎疫情表彰大会上的讲话》,《人民日报》,2020年9月9日第2版。

一步对中华优秀传统文化进行创造性转化和创新性发展。创造性转化旨在以新思路、新方式、新方法、新平台对中华优秀传统文化中的精华进行新解读、新讲述、新传播、新展示。目的在于激发中华优秀传统文化中的思想瑰宝和内在活力。创新性发展旨在寻求中华优秀传统文化与马克思主义理论、中国特色社会主义实践的耦合,并在此基础上以时代之需、发展之需、人民之需丰富其内涵,创新其价值。目的在于不断增强中华优秀传统文化的生命力,使其为中国化马克思主义发展服务,为中国特色社会主义实践服务。

社会主义核心价值观是对中华优秀传统文化创造性转化和创新性发展的典范。新时代弘扬和践行社会主义核心价值观对深化马克思主义基本原理同中华优秀传统文化相结合具有推动作用。中华优秀传统文化是社会主义核心价值观的源头活水,弘扬和践行社会主义核心价值观必须深深植根于中华优秀传统文化。正如习近平总书记所强调"培育和弘扬社会主义核心价值观必须立足中华优秀传统文化"①。以中华优秀传统文化涵养社会主义核心价值观,可以在国家层面起到价值导向作用,在社会层面起到社会濡染作用,在个人层面起到启蒙教育作用。具体实践中,可以利用传统节日和民俗文化激发弘扬和践行社会主义核心价值观的社会效应。中国传统节日和地方民俗文化是中华优秀传统文化的独特组成,是最广大人民群众最亲近、最

① 习近平:《把培育和弘扬社会主义核心价值观作为凝魂聚气强基固本的基础工程》,《光明日报》,2014年2月26日第1版。

关心的文化传统。依托传统节日和民俗文化弘扬社会主义核心价值观可以提高其吸引力和亲和力，还可以发挥家风家训对弘扬和践行社会主义核心价值观的启蒙作用。家庭教育是对人影响最初但最深远的教育，一个家庭的家风和家训对一个人习惯和品德的养成至关重要。家风和家训大多都源于中华优秀传统文化的核心内涵，且符合时代所需的品质要求。传承和弘扬优良家风家训，用好家风渲染社会风气，用好家训规范社会生活。

总之，马克思主义基本原理是思想的种子，中华优秀传统文化是使这颗种子在中国成长壮大的沃土，而中国化马克思主义就是由这颗种子萌发出的参天大树。新时代中华优秀传统文化与马克思主义基本原理继续交织交融，必定催发中国化马克思主义这棵"大树"枝繁叶茂，不断结出累累硕果，思想的果实将落遍中华大地！

附录 2：新时代文明实践助力中国式现代化的人民性阐释

习近平总书记曾明确指出："现代化的本质是人的现代化。"①以人为本是中国式现代化的鲜明特质，也是检验中国式现代化建设的根本标准。新时代文明实践作为中国式现代化的具体实践样态，同样坚持以人为本的根本实践原则。自新时代

---

① 中共中央文献研究室编：《习近平关于社会主义经济建设论述摘编》，中央文献出版社，2017 年，第 164 页。

文明实践中心建设以来,新时代文明实践已成为推进中国式现代化十分重要的着力点和驱动力。人民性的价值共通澄清了以新时代文明实践助力中国式现代化的基本前提,在人民性层面的实践担当使新时代文明实践助力中国式现代化成为可能。面向新征程,深入探析新时代文明实践如何围绕"以人民为中心"继续助力中国式现代化具有重要的理论和现实意义。

一、新时代文明实践与中国式现代化的 价值共通

党的二十大全景式概括了中国式现代化的基本问题,细致擘画了以中国式现代化全面推进中华民族伟大复兴的战略蓝图。无论从历史还是现实来看,中国共产党领导的中国式现代化,始终遵循党性和人民性的统一,以人民性来稳固党性。在党的领导下,中国式现代化坚持以人民为中心,以满足人民美好生活,实现人的全面发展,创造人类文明新形态为最高价值追求。新时代文明实践在价值观层面与中国式现代化若合符节。新时代文明实践作为联通党和人民"最后一公里"的实践途径,同样以人民生活提升、人的发展,以社会文明环境的构建为最高价值诉求。

(一)价值立场的共通:人民至上

价值立场标识中国共产党一切实践活动的出发点和着眼

点。正如党的二十大报告指出的,"人民性是马克思主义的本质属性"①,中国共产党作为马克思主义执政党,坚守人民立场同样是其本质属性的精髓所在。人民至上是中国共产党价值立场在新时代的鲜明表达,是习近平新时代中国特色社会主义思想的世界观和方法论。中国式现代化全方位确立"为了人"的人民立场,新时代文明实践整个过程贯通实践"关键在人"的人民立场。"为了人"和"关键在人"在人民至上的价值立场范畴中本质相同。

"人的现代化是国家现代化必不可少的因素。"②中国式现代化坚持人民至上既遵循了现代化的普遍性,同时也凸显了其特殊性。党的二十大报告用人口规模巨大、全体人民共同富裕、物质文明和精神文明相协调、人与自然和谐共生、走和平发展道路五个方面概括了中国式现代化的中国特色,实际也是中国式现代化的重要内涵。这五个方面的特征或内涵都指向了人的现代化,都把人作为中心话题。人口规模巨大指向实现现代化过程中人的复杂性,预示了中国式现代化进程的艰巨性,预判了中国式现代化的严峻形势;全体人民共同富裕指向实现现代化过程中人的物质生活,提出了中国式现代化的基本要求;物质文明和精神文明相协调指向实现现代化过程中人的物质与精神生活

① 习近平:《高举中国特色社会主义伟大旗帜 为全面建设社会主义现代化国家而团结奋斗——在中国共产党第二十次全国代表大会上的报告》,人民出版社,2022年,第19页。

② 英格尔斯:《人的现代化》,殷陆君编译,四川人民出版社,1985年,第8页。

的协调发展,明确了中国式现代化应达到的文明境界;人与自然和谐共生指向实现现代化过程中人的生存环境,强调了中国式现代化发展的前瞻视角;走和平发展道路指向实现现代化过程中的人的国际环境,指明了中国式现代化必要的和平条件。中国式现代化自觉坚持人民至上,人民至上成为现代化事业的工作标准。

马克思说过动物的生产是片面的,而人的生产是全面的①。人类的对象化实践活动本身就内蕴人的目的和意识,在改造客观世界的同时,人类的主观世界也被改造。这也就意味着,人类在创造物质文明的同时也不断创造出精神文明。新时代文明实践以基层宣传思想文化工作为统领,旨在联系群众、凝聚群众、发动群众,开辟中国共产党精神文明建设实践探索新模式。新时代文明实践的四梁八柱就是在坚定人民至上的立场上构架的。新时代文明实践的第一要务是把党的科学理论、政策带到群众身边,即向群众普及习近平新时代中国特色社会主义思想、中央大政方针和利民惠民的政策,使得理论掌握群众、群众运用理论,帮助群众了解政策、使用政策;新时代文明实践倡导在群众中培育践行主流价值,即推进中国梦、社会主义核心价值观、中华民族精神深入人民内心,引导广大人民群众坚定理想信念,团结在党周围;新时代文明实践注重丰富活跃人民文化生活,即广泛开展群众乐于参与、便于参与的文化活动,让群众在其中获

---

① 中共中央马克思恩格斯列宁斯大林著作编译局编译:《马克思恩格斯文集》(第一卷),人民出版社,2009年,第162页。

得精神滋养、增强精神力量、提升综合素质;新时代文明实践持续深入移风易俗,即破除陈规陋习、传播文明理念、涵育文明风尚,提高群众文明素养,跃升社会文明境界。正如中央的明确要求,"要坚持精神文明创建的群众性"①,社会主义更高水平文明的形成,关键在最广大的人民群众,这是新时代文明实践的发生逻辑,也是自始至终的价值立场。

(二)价值导向的共通:人的发展

让老百姓过上好日子,是我们一切工作的出发点和落脚点。② 人不仅是一切实践活动的动因,同样还是目的。马克思的哲学革命事实上即把"现实的人"作为"目的",确立起人的优先性。"每个人是手段同时又是目的"③,主体认识和改造客体,客体为主体而存在。在物质生产领域,人有意识地改造自然,在生产中创造出符合人的发展的物质资料。人的发展是社会发展的价值导向和本质意义。中国式现代化和新时代文明实践作为实现最高理想的中间环节和实践行为,遵循人的发展的价值导向。

中国式现代化旨在创造人类文明新形态,人的全面发展是其中应有之义。在新民主主义革命时期,解决民族独立是人的

①　中共中央党史和文献研究室编:《十九大以来重要文献选编》(上),中央文献出版社,2019年,第99页。

②　习近平:《习近平谈治国理政》(第三卷),外文出版社,2020年,第173页。

③　马克思、恩格斯:《马克思恩格斯全集》(第三十一卷),中共中央马克思恩格斯列宁斯大林著作编译局编译,人民出版社,1998年,第357页。

发展的前提条件,由此需要重构中国人民现代化的民族主体意识。随着新中国成立,社会主义现代化方向基本确立,人民的民族主体意识发展为人民当家作主的政治主体地位,成为国家的主人,人的发展正式开启。改革开放以来,社会主义现代化建设过程中人民物质生活水平不断提高。人的发展进入物质层面需求不断满足、精神层面需求不断提高并得到重视的新阶段。从党的十八大到二十大,在全面建成小康社会基础上开启全面建设社会主义现代化国家,这对人的发展提出了更高要求,主要体现为人的发展的全面性。这就包括,中国式现代化不断满足人民的美好生活需要,推进全体人民共同富裕,引导人民在自由的劳动实践中培育道德素质、健全社会关系、提升综合能力。

新时代文明实践的总体目标就是推动基层全面发展、全面进步,助力中国式现代化,助力中华民族伟大复兴。基层的全面发展与进步必然以基层每个人的全面发展与进步为着力点。新时代文明实践旨在推动习近平新时代中国特色社会主义思想深入人心、落地生根,这是着眼于人民全面发展的理论之维,帮助人民增智开慧;旨在加强和改进基层思想政治工作,这是着眼于人民全面发展的政治之维,协助人民当家作主;旨在满足群众精神文化生活新期待,这是着眼于人民全面发展的文明之维,辅助人民提素赋能;旨在助力城乡基层治理,这是着眼于人民全面发展的生活之维,扶助人民有序有质,等等。综合来看,新时代文明实践全盘观照人的全面发展,通过助力人的全面发展以增强人民主体性和向心力,凝聚更为主动的精神力量,进一步助力中国式现代化。

（三）价值超越的共通：人的解放

马克思的现代性思想包含"肯定现代化的进步意义与否定资本现代化的双重视角"[①]。从肯定意义角度来看,马克思赞赏经济领域现代化的生产和消费对社会发展的基础性价值,以及对世界市场和世界历史的促成影响,认同现代化思想对人类文明进步发挥的推动作用。从否定意义来看,马克思批判了资本主义现代化的片面性、营利性和剥削性。马克思指出,资本主义现代化贯通的"资本逻辑"遵循资产阶级利益最大化的原则,把资产阶级的经济利益凌驾于劳动者的利益甚至一般的社会道德之上。马克思深刻批判了资本主义异化劳动对人的奴役和压榨,以及对整个社会的非人统治。"通过异化劳动,人不仅生产出他对作为异己的、敌对的力量的生产对象和生产行为的关系,而且还生产出他人对他的生产和他的产品的关系,以及他对这些他人的关系。"[②]在这种非道德力量的压迫下,人不但不能实现自我,而是愈来愈被束缚、被捆绑。在马克思看来,摆脱资本主义现代化困境的根本途径即是消灭资本逻辑,具体说来就是扬弃资本主义私有财产和异化,实现人的解放和自由而全面的

---

① 臧峰宇:《马克思的现代性思想与中国式现代化的实践逻辑》,《中国社会科学》2022 年第 7 期。

② 中共中央马克思恩格斯列宁斯大林著作编译局编译:《马克思恩格斯文集》(第一卷),人民出版社,2009 年,第 165 页。

发展。对私有财产的积极的扬弃,作为对人的生命的占有,是对一切异化的积极的扬弃,从而是人从宗教、家庭、国家等等向自己的合乎人性的存在即社会的存在的复归。① 马克思所强调的消灭资本逻辑的途径实际旨在建立一种"人的逻辑"或者"劳动逻辑",使得现代化的进程不是以资本增值为目的,而是以人的发展和解放为中心,不是把人当作奴隶,而是作为目的。这正是中国式现代化的应有之义。

中国式现代化和新时代文明实践在中国特色社会主义的现实场域中实践了马克思的现代性思想。中国式现代化和新时代文明实践继承马克思现代性思想"人的逻辑"的内核,从而实现了对资本主义现代性"资本逻辑"的价值超越。"资本逻辑"讲求资本至上,是导致"人的异化""人的束缚""人的捆绑"的现代化逻辑,而"人的逻辑"追求人民至上,是"人的解放""人的实现""人的自由而全面的发展"的现代化逻辑。与西方资本主义国家现代化资本家至上、资本利益为先不同,中国式现代化坚持资本从属和服务于人民。中国式现代化在内生动力方面以人民需要超越资本增值,在实践主体方面以党领导人民长期艰难探索超越少数资本家资本运作,在成果归属方面以造福广大群众超越为资本家谋利,在世界交往方面以构建人类命运共同体超越世界霸权体系。新时代文明实践与中国式现代化相向而行,其深入群众解决群众所愁所盼,贴近群众输送群众所喜所好,完

---

① 中共中央马克思恩格斯列宁斯大林著作编译局编译:《马克思恩格斯文集》(第一卷),人民出版社,2009 年,第 186 页。

全超越了以占有、欺压、凌霸群众为前提的资本主义文明实践。

二、新时代文明实践何以助力中国式现代化的学理逻辑

以人为本是马克思主义人学世界观的核心要义。中国式现代化坚持以人为本的根本要求从而带有鲜明的现实性、主体性、具体性和综合性特质,而新时代文明实践恰好在实践上担当了以上四个方面的特质,成为助推中国式现代化的重要实践抓手。

(一)新时代文明实践承担中国式现代化的现实性

中国式现代化是理想性和现实性的统一。中国式现代化之所以不同于资本主义现代化,根本就在于其以唯物主义基本原理为前提,集中凝结在"现实的人"的现实性。中国式现代化的现实性对立于虚假性,紧紧围绕从事现实活动的人展开。"它从现实的前提出发,而且一刻也不离开这种前提。它的前提是人,但不是某种处于幻想的与世隔绝、离群索居状态的人,而是处于一定条件下进行的、现实的、可以通过经验观察到的发展过程中的人。"①中国式现代化正是把"现实的人"的现实性作为逻辑起点,才能始终遵循人类社会发展的历史规律,才能确保人类文明的进步方向。中国式现代化必然要把全体人民共同富裕作为实

①　马克思、恩格斯:《马克思恩格斯全集》(第三卷),中共中央马克思恩格斯列宁斯大林著作编译局编译,人民出版社,1960年,第30页。

现国家富强、民族振兴的重要指标,同时兼顾人民的文化、精神、素质、社会关系等内涵式发展。这也表明了,中国式现代化的现实性不仅注重人的实际活动或者物质生产活动,同时也注重在此基础上建立起来的意识形态和社会关系。即是说,中国式现代化对人的实践性和社会性的关照丰富了其现实性的内涵。

新时代文明实践不仅注重引导人民的社会生活(生产活动和社会活动),更通过覆盖人民的日常生活来承担中国式现代化的现实性。对于广大人民群众来说,日常生活更能体现他们的现实世界。法国哲学家列斐伏尔和匈牙利哲学家赫勒都曾在著作中表达过日常生活的平凡事件实际上并不平凡,日常生活的平凡小事实际上也是大事的重要思想体现。人民群众的日常生活包含了人们在物质生产之外的个人的物质需要和精神需要,即个人的吃、穿、住、休息、家庭生活、教育子女、掌握文化,等等。新时代文明实践首先就是要走进人民的日常生活。先由外向内,后由内向外,这才是新时代文明实践的正确之路。新时代文明实践秉持"为民服务"的首要原则,聚焦群众所思所想所盼,以帮助解决实际问题,解决生活困难和精神困惑为基本工作,提升人民群众物质生活质量和精神生活水平,增强人们现实生活的满足感和幸福感。

(二)新时代文明实践彰显中国式现代化的主体性

中国式现代化的主体性实际上是现实性的逻辑延伸。其逻辑意蕴就是中国式现代化要在现实中去理解,现实要从人的现实去理解，人要从主体的角度去理解。就像群众史观和英雄史观两种对立的历史观一样，在现代化进程中，存在着两种对立的建设主体倾向。一种是西方倾向的精英和资本主体，一种是我国倾向的人民群众主体。正如列宁指出："生气勃勃的创造性的社会主义是由人民群众自己创立的。"①习近平总书记也明确指出："坚持人民主体地位，充分调动人民积极性，始终是我们党立于不败之地的强大根基。"②人民群众是中国式现代化建设的力量之源和主体动力。一方面，在中国式现代化的进程中，人民群众担负着创造者甚至首创者的重要角色。亿万人民群众具有无穷的智慧和无尽的创造力，他们的实践力量是推动中国式现代化建设的基本依靠。另一方面，人民群众的积极性、主动性和创造性是中国式现代化前进的基本动力。人民群众始终具有自力更生、艰苦奋斗、顽强拼搏的精神，这是中国式现代化行稳致远的重要保障。党的二十大报告特别强调了团结奋斗的重要性，"团结奋斗是中国人民创造历史伟业的必由之路"③。对团结奋斗的强调阐明了社会主义现代化进程中亿万人民的主体作用和核心价值。中国式现代化需要每一位劳动者个体团结一心，通

---

①　韦建桦主编：《列宁专题文集 论社会主义》，人民出版社，2009 年版，第 399 页。

②　中共中央党史和文献研究院编：《十八大以来重要文献选编》（上），中央文献出版社，2014 年，第 697 页。

③　习近平：《高举中国特色社会主义伟大旗帜 为全面建设社会主义现代化国家而团结奋斗——在中国共产党第二十次全国代表大会上的报告》，人民出版社，2022 年，第 70 页。

过广泛的物质和精神生产实践来创造和实现。

在新时代文明实践中,人民群众既是客体更是主体,是客体与主体的统一。人民群众既是文明实践对象,也是文明实践者,特别是对整个国家文明的跃升来说,每个人都是主体。新时代文明实践的根本导向就是人民群众要树立主体意识,成为社会主义现代化建设的有力创建者。新时代文明实践中心要为群众创建学习传播科学理论的大众平台,要为群众打造凝聚共识统一思想的坚强阵地,要为群众建设弘扬时代新风新貌的精神家园,要为群众架构施展个人才华能力的广阔舞台。这些大众平台、坚强阵地、精神家园、广阔舞台实际都是协助广大人民群众发挥主人翁精神的实践空间。人民群众将在这些实践空间中实干笃行,投身于全面建设社会主义现代化国家的伟大征程。新时代文明实践成为人民群众发挥实践主体作用的实践场域,是彰显中国式现代化主体性的重要渠道。

(三)新时代文明实践内蕴中国式现代化的具体性

在马克思主义人学中,是具体的人还是抽象的人是一个根本性的问题。马克思主义人学的革命性意义则是用现实的、具体的人来代替抽象的人。按照辩证法的基本观点,人和现实世界中的其他事物一样,都是个性与共性、个别与一般的统一。个性、个别属于具体的范畴,共性、一般属于抽象的范畴。所以,现实世界也是具体和抽象的统一。但抽象又分为科学的抽象和不科学的抽象,只有能正确且深刻反映事物本身的抽象才是科学的抽象,相反则是不科学的抽象。就像列宁所说:"物质的抽象,自然规律的抽象,价值的抽象等等,一句话,一切科学的(正确的、郑重的、不是荒唐的)抽象,都更深刻、更正确、更完全地反映自然。"①根据辩证法的基本观点,遵循"人的逻辑"的中国式现代化是具体和抽象的统一。这也就是习近平总书记强调的,中国式现代化"既有各国现代化的共同特征,更有基于自己国情的中国特色"②。各国现代化的共同特征是现代化过程的抽象,基于我国国情的中国特色是中国式现代化的具体。中国式现代化具体与抽象的统一不仅体现在中国式现代化与世界现代化的关系上,还体现在中国式现代化整体与内部各地区、各领域的关系。换言之,现代化进程的总目标、总特征具有统领性,但各地区、各领域实现现代化目标的方式、途径、进度却是独具特征的。进言之,各地区、各领域的现代化同时也符合具体与抽象相统一的原则。这就要求,在现代化进程中要合理把握抽象的度,做到一般与具体的结合和一般与特殊的适时转化,给具体留有广阔空间。

新时代文明实践的场域主要在农村基层,这实际就是中国式现代化的具体实践样态。新时代文明实践的主要工作平

---

① 列宁:《列宁全集》(第五十五卷),中共中央马克思恩格斯列宁斯大林著作编译局编译,人民出版社,2017年,第142页。
② 习近平:《高举中国特色社会主义伟大旗帜　为全面建设社会主义现代化国家而团结奋斗——在中国共产党第二十次全国代表大会上的报告》,人民出版社,2022年,第22页。

台——新时代文明实践中心(所、站)①的设置具体到行政村,这是具体性的进一步彰显。新时代文明实践同样也是分地区、分领域的,符合具体与抽象相统一的原则。新时代文明实践的推进有明确的总体要求、主要任务、工作、方法,等等,但具体实施起来每一个地方都不尽相同。新时代文明实践一以贯之的重要原则是因地制宜。就新时代文明实践中心的建设来说,经过这几年的探索,在总体上已经形成了"一条以志愿服务为依托、以社会信用体系为支撑、以文明实践中心与融媒体中心融合共振为技术支持的可行性路径"②。但就具体的工作而言,新时代文明实践是百花齐放的,每一个新时代文明实践中心(所、站)都各具特色。例如在婚丧改革的问题上,有的地方采取成立"红白理事会"等志愿服务队统一管理的办法,有的则通过村(居)民委员会讨论制定村规民约的方式来统一制约管理。

(四)新时代文明实践表征中国式现代化的综合性

人既是自然人,又是经济人、政治人、社会人、文化人、情感人,是自然属性、社会属性和精神属性的统一体。由人组成的社会和国家的发展与进步同样具有综合性的特点,也需要有一个整体性的视域关怀。中国式现代化是国家全面、整体的现代化,

---

① 新时代文明实践中心三级设置,县一级设置新时代文明实践中心,乡镇一级设置新时代文明实践所,行政村一级设置新时代文明实践站。

② 宋惠芳:《新时代文明实践中心建设的创新路径研究》,《马克思主义研究》,2021 年第 8 期。

是各地区、各领域、各种关系、各种模式现代化的集合。综合性、整体性的特质要求中国式现代化的实现需要协同推进、全面发力。从总体布局看,中国式现代化锚定"五位一体",强调经济建设、政治建设、文化建设、社会建设、生态文明建设协调共进,最终目的是实现经济现代化、政治现代化、文化现代化、社会现代化、生态现代化,即中国式现代化。任何一种现代化的缺失或者关系的失衡,都不能实现社会主义现代化。从本质要求看,党的二十大报告明确指出,中国式现代化要"坚持中国共产党领导,坚持中国特色社会主义,实现高质量发展,发展全过程人民民主,丰富人民精神世界,实现全体人民共同富裕,促进人与自然和谐共生,推动构建人类命运共同体,创造人类文明新形态"[①]。这九个方面的本质要求,分别是从实现中国式现代化的根本政治保证、发展方向以及在经济、政治、文化、社会、生态、全球责任方面的具体要求展开的,浑然一体、密不可分。

新时代文明实践服务于中国式现代化,同样是一个系统工程。新时代文明实践表征中国式现代化的经济、政治、文化、社会、生态等方面,是一个综合性的整体。这从新时代文明实践已取得的成果来看更加了然。近几年,新时代文明实践在辅助脱贫攻坚基础上有效促进乡村振兴,助力农村产业发展,改善农民生产生活,农民的"钱袋子"越来越鼓;新时代文明实践坚持不

---

①　习近平:《高举中国特色社会主义伟大旗帜　为全面建设社会主义现代化国家而团结奋斗——在中国共产党第二十次全国代表大会上的报告》,人民出版社,2022年,第23—24页。

懈凝聚群众、引导群众,传播正能量、画好同心圆,广大人民群众更加自觉听党话、跟党走;新时代文明实践大力弘扬中华优秀传统文化,以文化人、以文育人,弘扬时代新风的主旋律更加嘹亮;新时代文明实践提升了基层社会治理水平,公平公正、和谐有序的社会环境增强了人民的幸福感、满足感;新时代文明实践助推"美丽家园"建设,农村环境、城市面貌焕然一新,广大人民群众在蓝天碧水青山中安居乐业。不仅新时代文明实践的成就是综合的,过程也是综合的。新时代文明实践的成功推进是党、政府、志愿者、群众等共同合力的结果,是社会资源统筹整合的结果。换言之,新时代文明实践是一场全员参与、全领域共进的社会主义文明实践,这一伟大实践将全过程助力社会主义现代化国家建设建成。

三、新时代文明实践助力中国式现代化的基本路径

踏上新征程,全面建设社会主义现代化国家进入开局起步的关键时期,中国式现代化道路也将顺应时代和实践的新要求不断拓展推进。新时代文明实践要想适应中国式现代化前进发展之变,就要紧紧围绕"以人民为中心"的根本实践要求,在"得民心""聚民意""鼓民志""发民力"等方面深入探索,以求形成新时代文明实践助力中国式现代化的长效常态之势。

（一）巩固发展为了人民以"得民心"

"得民心"主要指广大人民群众对社会主义现代化建设道路、方式方法等既接受，也认同，并且给予支持和拥护。"得天下有道，得其民，斯得天下矣。得其民有道，得其心，斯得民矣。"（《孟子·离娄上》）中国式现代化既然是社会主义现代化建设的成功实践，必然符合广大人民群众的根本利益。"得民心"在于我们发展的出发点和落脚点都必须是"为了人民"。新时代文明实践需要巩固"发展为了人民"的根本原则，为中国式现代化赢得并守住更多支持者和拥护者。特别是面对后疫情时代社会和市场逐渐复苏带来的各种问题与挑战，坚持"发展为了人民"则更为关键。一方面，新时代文明实践应充分利用其深入基层的优势，依照乡村之需、村民之需量身探索发展之路，在基建规划、产业立项、资金投放等方面确保真正能为老百姓带来实际效益，让人民看到发展前景、生活希望。另一方面，要保证发展红利分配、共享的公平公正，坚持缩小差距、共同富裕的基本前提，合理满足群众的真实诉求，妥善处理成果分配过程中的纠纷争议，使得人民在享受发展成果时既安心又满意，为广大人民营造一个和谐友睦的发展环境。

（二）加强思想政治动员以"聚民意"

"聚民意"主要指统一群众思想共识，凝聚群众精神力量，引导人民在实现社会主义现代化过程中同中国共产党同向同行、同心同德。从中国共产党的百年奋斗历史来看，每一次目标突破、每一次成功探索、每一次历史跨越都是通过思想政治动员广泛凝聚民意的基础上实现的。思想政治动员已经成为我们党提升政治领导力、思想引领力、群众组织力、社会号召力的主要工作方法和突出政治优势。新时代文明实践既然把学习实践科学理论、宣传宣讲党的政策、培育践行主流价值作为重要工作内容，就要进一步发挥思想政治动员的功能，为实现社会主义现代化创建和衷共济、团结向前的精神、情感基础。一是在宣传宣讲党的理论、政策的过程中注重把握实现中华民族伟大复兴中国梦与人民追求美好生活家庭梦、个人梦之间的联结点，让人民群众从自身生活的细微之处感悟科学真理的磅礴伟力。二是注重组建、培育政治立场坚定、业务能力过硬、创新手段突出、知识背景丰富的宣讲队伍，除了发挥领导干部、专家学者的影响力之外，还要选拔一些具有代表性的先进群众，发挥他们的导向、榜样作用，壮大思想政治动员队伍力量。三是拓展理论宣传途径，开辟思想传播新阵地，充分利用县级融媒体中心，探索基层宣传互联网新平台，把思想理论既传送到"头条热搜"又传送到"田间地头"。

（三）引导坚定历史自信以"鼓民志"

"鼓民志"主要指激发广大人民群众对社会主义现代化建设，对中华民族伟大复兴的坚定信心，从而自立自强、守正创新，增强历史主动性。党的二十大报告将历史自信与文化自信并列提出,并且强调要坚定历史自信。新时代中国人民的志气、骨气、底气植根于中华民族砥砺奋斗取得的辉煌成就,并将因中国特色社会主义的道路自信、理论自信、制度自信、文化自信而更加坚毅,这都是历史自信的丰富意蕴。文化自信是历史自信的核心要义,坚定历史自信首先要坚定文化自信。新时代文明实践的一项重要价值功能就是文化育人、成风化人,在社会生活场域培育文明乡风、良好家风、淳朴民风。新时代文明实践要进一步涵养文化源流,以增进群众文化自信引导群众坚定历史自信,从而增强历史主动。第一,要深入挖掘并激活地域文化精华,把蕴含在民俗民风中的中华优秀传统文化、红色文化等资源进行创造性转化和创新性发展,提升基层文化传承与弘扬意识。第二,要充分发挥社会主义核心价值观的教育引导作用,通过广泛宣传各类道德模范、先进乡贤事迹,广泛开展文明乡镇、文明家庭评选,广泛开设文化讲坛、道德讲坛等一系列文明实践教育活动,逐步实现文化教育模式的制度化、规范化。

(四)全面推动乡村振兴以"发民力"

"发民力"主要指调动人民群众投身社会主义现代化建设的积极性,激发各类群体实践力量,依靠各族人民真打实干推动民族复兴进程。党的二十大报告也明确强调:"全面建设社会主义现代化国家,必须充分发挥亿万人民的创造伟力。"①从党的十九大到二十大,从脱贫攻坚取得胜利的历史实践来看,乡村振兴战略已经成为社会主义现代化建设系统工程的强力引擎,为激发群众的创造活力注入了一支"催速剂"。新时代文明实践已经在决战脱贫攻坚、决胜全面小康过程中发挥了重要作用,必将成为全面推动乡村振兴的"快进键"。一是新时代文明实践志愿服务更多向乡村农业、产业倾斜,打通城乡智力、技术资源要素通道,为乡村农业产业发展引入更多专业技术和人才,同时畅通更多投资融资渠道,为乡村经济发展提供良好的资源服务。二是提高乡村自我发展的内驱动力,通过开展各类农业技术培训、创业就业讲座等,培育壮大乡村创新创业群体,帮助村民自身成为技术能手、创业先锋。

---

① 习近平:《高举中国特色社会主义伟大旗帜 为全面建设社会主义现代化国家而团结奋斗——在中国共产党第二十次全国代表大会上的报告》,人民出版社 2022 年,第 70 页。